畅销书案例分析

(第三辑)

张文红　刘晓宇　主编

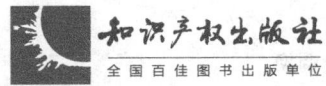

图书在版编目（CIP）数据

畅销书案例分析.第三辑/张文红，刘晓宇主编.—北京：知识产权出版社，2017.4
ISBN 978-7-5130-4716-6

Ⅰ.①畅… Ⅱ.①张… ②刘… Ⅲ.①畅销书—出版工作—案例 Ⅳ.①G23

中国版本图书馆 CIP 数据核字（2017）第 008595 号

内容提要

本书通过对多本畅销书进行分析，总结畅销书的成功的策略与技巧，揭示畅销书的运作规律。本书收集案例非常丰富，分析、点评到位，图文并茂，适合出版专业人士阅读。

责任编辑：刘晓庆　　　　　　　　　　　责任出版：孙婷婷

畅销书案例分析（第三辑）
CHANGXIAOSHU ANLI FENXI（DI SAN JI）
张文红　刘晓宇　主编

出版发行：	知识产权出版社 有限责任公司	网　　址：	http://www.ipph.cn
电　　话：	010-82004826		http://www.laichushu.com
社　　址：	北京市海淀区西外太平庄 55 号	邮　　编：	100081
责编电话：	010-82000860 转 8073	责编邮箱：	396961849@qq.com
发行电话：	010-82000860 转 8101/8029	发行传真：	010-82000893/82003279
印　　刷：	北京中献拓方科技发展有限公司	经　　销：	各大网上书店、新华书店及相关专业书店
开　　本：	720mm×960mm　1/16	印　　张：	11.25
版　　次：	2017 年 4 月第 1 版	印　　次：	2017 年 4 月第 1 次印刷
字　　数：	144 千字	定　　价：	48.00 元

ISBN 978-7-5130-4716-6

出版权专有　侵权必究

如有印装质量问题，本社负责调换。

目 录
contents

畅销书案例分析 1

《绝望锻炼了我：朴槿惠自传》　张　勋 …………………………… 1

畅销书案例分析 2

《解忧杂货店》　张　于 …………………………………………… 17

畅销书案例分析 3

《岛上书店》　刘晓宇 ……………………………………………… 33

畅销书案例分析 4

《三体》　周宇楠 …………………………………………………… 52

畅销书案例分析 5

《乖，摸摸头》　范思齐 …………………………………………… 66

畅销书案例分析 6

《白夜行》　王姚冰 ………………………………………………… 81

畅销书案例分析 7

《遇见未知的自己》 刘亚楠 ………………………………………… 95

畅销书案例分析 8

《从你的全世界路过》 庞雅心 …………………………………… 111

畅销书案例分析 9

《琅琊榜》 牟凤英 …………………………………………………… 128

畅销书案例分析 10

《皮囊》 诸葛寰宇 …………………………………………………… 144

畅销书案例分析 11

《小王子》 常 江 …………………………………………………… 156

畅销书案例分析 1

《绝望锻炼了我：朴槿惠自传》

张 勋

一、图书基本信息

（一）图书介绍

书名：绝望锻炼了我：朴槿惠自传

作者：[韩]朴槿惠

译者：蓝青荣、宇秀美、邱敏瑶、尹嘉玄

开本：16开

字数：212千字

定价：35.00元

书号：ISBN 978-7-5447-3795-1

出版社：译林出版社

出版时间：2013年5月

（二）作者简介

朴槿惠，1952年2月2日生，韩国女政治家，第18届韩国总统，第3任总统朴正熙的长女。

朴槿惠于1952年生于韩国大邱市，1974年毕业于韩国西江道大学电子工程系，曾短暂留学法国。她的父亲为前总统朴正熙，母亲陆英修，有一个妹妹朴槿令和一个弟弟朴志晚。母亲遇刺后，年仅22岁的朴槿惠肩负起代理"第一夫人"的角色。她的父亲也曾遭暗杀，并隐退将近20年，于1997年韩国经济危机时重返政坛。她曾任新国家党党代表、国会议员。2012年12月，朴槿惠在韩国总统大选中获胜，成为韩国有史以来首位女性国家元首，也是东亚第一位民选的女总统。

《绝望锻炼了我：朴槿惠自传》的写作背景：2006年5月20日，朴槿惠在首尔帮助一名大国家党候选人竞选首尔市长时，遭到暴力袭击，右脸被文具刀割伤。同年6月，她辞去大国家党党首职务。之后，她用近一年的时间整理自己的生平，写下这部展现自己心路历程的自传。

二、畅销盛况

新闻报道"韩媒：朴槿惠自传在华畅销，累计销量突破60万册"。韩联社11月25日报道，据当当网发布的数据，韩国总统朴槿惠的自传《绝望锻炼了我：朴槿惠自传》2013年9~10月连续两个月登上传记销量排行榜榜首。《环球时报》英文版也在有关"10月畅销书"的文章中援引出版物调查机关的资料报道，朴槿惠的自传入围非小说文学排行榜前十名。2014年，朴槿惠自传位居传记销量排行榜第二（当当网的统计），2015年4~5月位居第四，2014年7月位居第六，2014年8月位居第四。据了解，截至

2015年3月，该书累计销量突破60万册。❶

2013年5月，《绝望锻炼了我：朴槿惠自传》一书正式出版，一上市即受到广泛关注，读者范围涵盖了各个年龄段和职业群体。有不少读者甚至直接将电话打到译林出版社编辑部，表达他们从这本书中得到的启示、激励、感动和慰藉。在微博上，读者自发创建了朴槿惠的多个支持者账号，如@朴槿惠粉丝联盟、@朴槿惠粉丝后援会、@槿惠联盟、@朴槿惠粉丝团等，与编辑部及网友互动。除了普通读者，这本书也得到官方机构的认可。2014年4月，此书获得由中央电视台、中国图书评论学会联合评选的"2013中国好书奖"。主办单位颁发给作者的获奖证书，译林出版社还通过相关渠道转交给了朴槿惠。

据开卷数据显示，开卷2013年度非虚构类畅销书排行榜TOP30中《绝望锻炼了我：朴槿惠自传》排名第十九，2014年排名第八，2015年排名第十，2016年2月和2016年3月份非虚构类畅销书月排行榜分别排名第七和第五。

由此可见，本书上市已将近三年，热度丝毫没有减退。2013年5月发售至2014年1月，其销量达20万本；2015年3月突破60万册；截至2016年3月，已高达100万册。我们可以说，这是一本超级畅销书。

三、畅销攻略

（一）近几年传记类图书的持续热销是大环境

在当今名人效应迅速膨胀的大势之下，社会各界名人的传奇人生和成

---

❶ 韩媒. 朴槿惠自传在华畅销累计销量突破60万本［EB/OL］.［2015-11-25］. http://www.chinanews.com/gj/2015/11-25/7640417.shtml.

功经验无不吸引着大众眼球，也促进了传记类图书市场的发展。近年来，传记类图书中更是诞生了许多畅销书，掀起一波波热潮。

1. 动销品种持续增加，码洋规模总体呈上升趋势，波动小

过去5年，传记类图书的动销品种数和码洋比重持续增长，虽然在2012年和2015年略有波动，但并不影响整体正向的发展态势。其中，自传体图书相对更受欢迎，而在评传类图书中，真实性强且得到传主本人首肯的图书也有较好的市场反响。

从开卷图书零售市场监测数据来看，在近五年（2011—2015年），传记类图书的动销品种数都呈现持续上升的态势，2015年再创历史新高，为23390种，较去年同期增加423种，见下图。

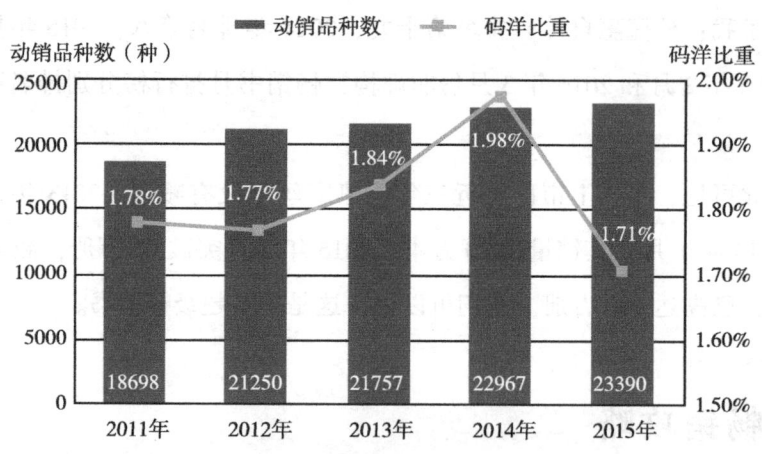

2011—2015年传记类图书码洋比重及动销品种数

2. 当代人物传记颇受读者欢迎

总体来说，大众关注的当代政治、经济、娱乐界名人的传记最容易引起读者兴趣，从2011年的《史蒂夫·乔布斯传》、2012年的《看见》、2013年的《绝望锻炼了我：朴槿惠自传》、2014年《在绝望中寻找希望：

俞敏洪写给迷茫不安的年轻人》，到 2015 年的《万达哲学：王健林首次自述经营之道》，这些畅销书都是当代名人的传记。相比古人，读者对当代名人更为熟悉，这些名人不为人知的另一面也是很多读者希望了解的内容。

另外，名人传记以传主的特殊事件为契机上市，往往会更加畅销。例如，2011 年乔布斯去世之后上市的《史蒂夫·乔布斯传》，上市当月即登上了开卷虚构类畅销榜榜首，并持续畅销，至今依然在传记类畅销榜前 100 名内。而《绝望锻炼了我：朴槿惠自传》则是契合了 2013 年年初朴槿惠正式就任韩国新总统及其访华的热点。

3. 名人自传类作品成为畅销热点

在 2014 年上半年的传记类 TOP10 中，名人自传占了 5 个位次，分别为《看见》《绝望锻炼了我：朴槿惠自传》《在难搞的日子笑出声来》《随遇而安》和《野心优雅：任志强回忆录》《一个人与这个时代》；在 2015 年开卷传记类图书畅销书排行榜前十名榜单上，自传体图书就占了六个席位，且占据了榜单前四名的位置，分别是柴静的《看见》、朴槿惠的《绝望锻炼了我：朴槿惠自传》、张艺兴的《而立·24》，以及成龙和朱墨合著的《成龙：还没长大就老了》。

由此可见，读者在选择传记图书时，更倾向于阅读由自传体本人写作的文本，因为自传作者会让读者看到一个不为人知的、血肉丰满的自传体传主，看到他们风光背后的艰辛血泪。他们所写的内容会令读者感到更加细腻入微、真实可信。

4. 传记类图书中的引进版图书占比不小

在传记类图书中，引进版图书占有较大的比重。以 2014 年为例，上半年传记类畅销书 TOP100 中，外国引进版图书有 34 种，较 2013 年增加 8 个品种。2010 年以来，引进版图书在传记类畅销书中的占比均在 30% 左右。

其中，2011年占比最高，前100名畅销书中有37个品种均为引进版图书。在这些引进版畅销书中，除经典名著类的图书外，主要是外国政治、经济名人的传记，如《绝望锻炼了我：朴槿惠自传》《史蒂夫·乔布斯传（修订版）》等。

总而言之，最近几年，传记类尤其是当代名人自传类图书，有很大市场需求，所以才能持续畅销。《绝望锻炼了我：朴槿惠自传》正是迎合这股浪潮的成功者。

（二）朴槿惠的个人魅力，让她在中国积攒了大量人气

1. 朴槿惠特有的成长和从政经历，让她身上散发出独特的个人魅力

身为前总统的长女，她的成长经历既是幸运的，也是不幸的。可以衣食无忧，却被父母严格要求，费尽心思保持低调，生怕引祸上身；能够享受第一家庭的荣耀，却在20多岁的年龄，父母相继遇刺身亡；父亲在政治上遭遇清算，自己被迫退隐20年。当所有的不幸一起袭来时，朴槿惠并没有被压垮，她选择的是沉默、蛰伏、学习和历练。最后，她终于登上总统之位。

很多媒体把朴槿惠描写成韩国的撒切尔夫人，或者说她是如同德国总理默克尔一样的铁腕人物。但是她从自传中传达出来的，却是东方女性的迂回委婉。她的从政手段讲究以情动人。例如，她说："在与外宾的交谈中给对方以亲切的感觉，对我们的外交产生了相当正面的作用。"最煽情的是，她说："我没有父母，也不会有任何得与失了，这样的我想要为大国家党奉献我所有的一切。"

精通汉学的朴槿惠在书中引述了中国传统兵家圣典《孙子兵法》中的一句话："不战而屈人之兵，善之善者也。"她写道："用一颗愤慨的心吵

架,虽然可以一时畅快,但最终还是得不到自己当初所要的结果。我认为外交的力量就在于不必争吵也能赢。"她在释放善意的同时,也累积着信任。她在绝望中创造着希望,给自己前行的动力。

作为政治人物,朴槿惠行事低调,佩戴母亲遗留的首饰,和母亲拥有优雅的品位。

韩国各界曾经普遍这样评价朴槿惠:"既有韩国传统妇女温柔体贴和沉稳耐心的美德,又具备为韩国未来必须做的事情就会果断推进的热情和钢铁般坚强的意志。"

2. 深厚的中华文化底蕴,友善的对华政策

朴槿惠是汉语通和中国迷。她小时候就着迷于父亲送给她的《三国志》,并且最为欣赏赵云。她在自传中说:"现在回想起来,甚至怀疑自己的初恋对象会不会就是赵云,因为每次只要他一出现,心中就会不自觉地小鹿乱撞。"1979年,父亲朴正熙在总统任上遇刺身亡,朴槿惠伤心欲绝。为了走出失去亲人的痛苦,朴槿惠开始阅读大量的中国古典书籍,以求获得平静和安慰。那时,《论语》《贞观政要》《明心宝鉴》《近思录》等都是她案头和常备书。

2013年6月27日至30日,朴槿惠访华。在6月29日的清华大学演讲中,她在开头和结尾都使用汉语,不但通畅流利,还多处用典。

在正式就任韩国总统以后,朴槿惠一方面表达出对中国的善意,努力修复韩国与中国的关系;另一方面改变过去对美国一边倒的政策,把原来由美国、日本、中国、俄罗斯的排序,调整为美国、中国、日本、俄罗斯的排序。朴槿惠2013年4月访问美国后,6月份就到中国访问,从而打破了韩国历任总统就任后首访美国、次访日本的惯例。

朴槿惠重视中国不仅是出于情感因素,更多的是对现实的考量。在经济领域,韩国离不开中国;在安全领域,韩国需要中国配合。在综合作用下,中韩关系是朴槿惠政府外交的重点。

可以看出因为朴槿惠独特的个人魅力,再加上她深厚的中华文化底蕴和友善的对华政策,使得她在中国普通民众中积攒了大量人气,这为其传记畅销打下了群众基础。

(三)译林出版社的成功运作和把握时机的营销

1. 出版社对政治时事敏感,抢先买下独家版权

其实,朴槿惠在韩国政坛也是起起落落。2012年12月20日,成功当选韩国总统;2013年2月25日,宣布正式就任韩国总统;2013年4月份首访美国,6月份即展开对中国的国事访问。而这本传记竟能在2013年5月初就走向市场。按照常理说,一本书的策划出版不可能这么快,但是译林做到了。因为译林出版社早就闻到了政治气息,提早买下其简体中文版的独家版权。

在大选结束之前,出版社就预测到朴槿惠有当选的可能,欲引进这本书。后经调查发现,原来这本韩文原版书,已经有了一个质量比较高的繁体中文译本。于是,出版社迅速运作,在获得了简体中文版授权后,便组织了一个团队开始编校工作。

从这里我们可以看到,译林出版社决策层对时事信息很敏感,其眼光也很独到。

2. 精编精校,优质内容作保障

译林出版社的编辑谈到:"当选之后,朴槿惠在媒体上的热度迅速飙升。对我们来说,当然想尽快推出她自传的中文版。但同时,我们又很清楚,越是这个时候越要稳住,要沉下来,把书出好。如果为了追逐市场而仓促出书,难免会有质量瑕疵,既愧对读者,也有负于自传体传主本人。"

因此，他们在获得独家版权后，便进入了紧锣密鼓的编校流程。"虽然是已经出过书的译文，我们仍以初稿相对待。编辑团队由三位责任编辑组成，其中一位是专业的韩语编辑。我们先是拆分书稿，同时开工，后面再相互交叉，循环编校。每人都对整部书稿完整编校一遍，韩语编辑更是核对韩语原文，对译文进行了通篇把关。尤其是书中引自中国古籍的一些段落，现有译文照字面意思译为白话，我们都耐心查找，将其回译成了原文。"❶

笔者在撰文之前，已通读传记两遍，尚未发现一处错误，可见译林的精编精校并非虚谈。

3. 把握时事热点契机，进行立体营销

2013年6月27日至30日，朴槿惠展开对中国的国事访问。2013年5月初，本书就被推向了市场。在朴槿惠正式访华时，此书的羊皮典藏本被作为礼物赠送给我国领导人。媒体兴趣浓厚，出版社也积极开展立体营销宣传，包括有节奏地发新书消息，在有影响力的主流媒体选载、连载，借势朴总统访华而刊发大篇幅报道等。

（四）主题鲜明，故事感人励志，文风平实，语言温情

自2011年《乔布斯传》引爆传记类图书市场后，此类书一直热度不减。名人传记类图书兼有励志和猎奇等多种阅读功效，在社会急剧转型时期，普通大众需要名人效应的垂范和引导。有一个需要特别注意的现象是，随着女性领导力的崛起，女性励志传记势必异军突起，2013年表现不俗的《看见》《向前一步》《见证》等都是女性励志传记的代表。

---

❶ 译林出版社.编辑谈《绝望锻炼了我:朴槿惠自传》[EB/OL].[2016-02-24].http://mt.sohu.com/20160224/n438382000.shtml.

这本书是迄今以来唯一一本朴槿惠的亲笔自传，其中展现出的冲破逆境的勇气和力量等主题足够引起当下读者的共鸣，尤其是女性在苦难中重生的悲剧色彩和取得的成就，能够吸引大量女性读者。正是考虑到契合这个主题，编辑对书名进行了修改，放弃原书名《我是朴瑾惠》，为突出其传奇色彩及励志主题，将其更名为《绝望锻炼了我：朴槿惠自传》。

虽然是人物传记，但是本书并不是死板的"按时间轴记流水账"。全书分为五大部分，每一部分都是10篇左右单独的文章，记叙传主记忆深刻、感触尤深的事件。文体散文化，文风平实化，她以大量笔墨描述了对亲情、家庭生活的渴望，对父母的追慕与怀念之情，对韩国人民怀抱的使命感，以及历经大起大落后的省思与坚韧，直击读者心灵。这在政要传记中并不多见，十分吸引眼球。

（五）推陈出新，增加卖点

译林出版社的编辑谈到，2013年策划时考虑到这本书原版出版于2007年，距现在的简体中文版上市已有近六年的时间。六年过去，作者会不会有一些新的话想说？编辑们于是萌发念头，邀请作者为中文版写一篇序言。通过译林出版社所属凤凰出版传媒集团领导的牵线，韩语编辑辗转与朴槿惠取得联系，表达意愿，并得到了朴槿惠的首肯。于是，便有了中文版开卷那篇字数不多却令人动容的"给中国读者的信"。

这一封简短的"给中国读者的信"，不仅进一步拉近了朴槿惠总统与读者的距离，更为本书增色不少，是本书的卖点之一。

（六）译林出版社的品牌和实力也是保障

译林出版社是国内最具品牌影响力的专业翻译出版社之一，多年来致力于外国文学、人文社科、英语教育等领域的图书出版，有丰富的选题开发经验和强大的作译者与编辑团队。"经典译林""译林名著精选"和"名作家作品集"等构成世界文学品牌板块；"传记译林""双语译林"富有读者口碑与市场潜力。

"传记译林"是译林出版社的传统优势品牌，曾成功出版叶利钦、克林顿、希拉里、奥巴马等多位国际政要的自传。有经验丰富的策划、译者和编辑团队，这些都是本书得以高质量出版的保证。

四、精彩节选阅读

面对狂风巨浪

我被赋予了一项新的使命。二十二岁的我代替母亲，成为韩国的第一夫人。

葬礼结束才不过六天，我以第一夫人的身份，胸口别着白色小花参加了预定的"第一夫人杯母亲排球大赛"。在难过哭泣的人群面前我强忍住泪水，因为那个场合的我不再是以前的朴槿惠，而是"第一次"履行第一夫人职务的朴槿惠。

母亲的离世大大地改变了我的人生轨道，法国留学后要站在讲台上教书的梦想就此离我而去，或许这是我无法逃离的命运吧。大学时期我做过一个奇怪的梦，当时我并没有多想，也没有告诉任何人，但是那个梦却一直让我记忆犹新。

在大风大浪的海岸边，因为浪太大，我与周围的人全部躲到了灯塔下方。就在那瞬间整个场景突然转变，灿烂的阳光下出现了平坦的康庄大道。路尽头的小山丘上升起了耀眼的太阳，是一个既美丽又火红的太阳。

做完这个梦不久,又做了另一个奇怪的梦。我被环绕着璀璨蓝光的宇宙包围,这个光环一边转动一边逐渐向我逼近,散发的灿烂光芒既美丽又神秘。当时我在日记中记下这场梦,它让我有种莫名的不安感,也找不出理由为什么会有那种感觉。毕业后应该就是要踏入社会展开新生活了,但那场梦却让我有种即将遇到严峻考验的预感。虽然无法证明那场梦和我的人生有何关联,但是每当想起母亲的死以及我人生的转变时,不知不觉都会让我回想起这两个梦。

我承接了母亲生前的全部工作。检查寄到青瓦台里的数百封反映民情的信件,还要一一确认负责部门是否在认真处理才能放心。我的主要工作包括改善落后环境、寻访中小型企业、慰问被遗忘的贫苦阶层,进行公益服务。要做的事情堆积如山,总觉得时间过得实在太快,尤其是工作繁忙时,恨不得把时钟的指针固定起来。只觉得一天二十四个小时根本不够用,只好缩短成一天只睡五个小时,晚上十二点就寝、凌晨五点起床。要是有海外贵宾来访的话,为了事前准备,连仅剩五小时的睡眠时间都只好舍弃。嘴唇总会累到起泡,身体也经常发低烧,就连生病也没空理会。

凌晨起床后等待早餐的时间,我会先收听早间新闻,接着检查总统一天的行程后再来查阅我的行程表,光是查看每天的拜访行程和处理重要文件,时间就已快接近上午九点,也就是青瓦台开始作业的时间。

前来上班的人们一声声响亮的招呼,让宁静的早晨整个活跃了起来。我总是坐在办公室里听着这些充满活力的脚步声,感受全新一天的开始。

"早起的鸟儿有虫吃"，是母亲对我的教诲。作为第一夫人，我一直以"比别人还要更勤奋"的原则来要求自己，这样才能在最短时间内有效地完成更多事情。我相信只要多处理一件民怨，就能让国民过得更好一些。也因为如此，让我的助手们吃尽了苦头。

母亲是我最好的教科书。极度讨厌坐在桌前办公的母亲，就算再累都要亲自走访民间处理民怨，亲临现场对她来说是最重要的课题。

还记得和母亲一起慰问麻风病患者时的事情。抵达现场时，背着孩子的女人们露出欢欣的微笑迎接我们，她们的手和脸都因为麻风病而溃烂，眼神却是无比地天真明亮。母亲温柔地牵起了年轻女子溃烂的双手，随行人员看到母亲这样的行为立刻阻止了她。

"夫人，拜托请您不要握手。这样会被传染的。"

"没关系，麻风病是不会传染的。你看她在如此不幸中依旧可以笑得这么灿烂，不觉得那位女子笑容很甜美吗？在我眼里只看得到她的美。"

拜访过麻风病患者村之后，母亲花了很多天千方百计地寻找可以帮助他们的方法，最后得出的良策是选出全国三十七个麻风病患者村，配送了四百七十只种猪，为他们能够自力更生奠定了基础。

母亲对国民寄来的每一封信都不曾疏忽，这是我最好的榜样。寄到青瓦台的明信片或信件都确实经过母亲之手，因为她特别交代过辅助官不可以暗藏或漏失任何与民怨相关的文件。

在我接任第一夫人后，和母亲处理民怨时并没有两样。每天都会一一查阅完数百封的民怨信才会回房睡觉，填补母亲的空位确实是件繁重又不简单的事情。那个角色一点也不轻松，是无限的责任连续。母亲在处理完民怨后也需提供建议给父亲，这样的她甚至被称为"青瓦台内的在野党",以及"青瓦台内的申闻鼓"。

对原本一心只想成为学者的我而言,如此繁重的事务,是极大的压力。但是强大的使命感与母亲的实绩成了支撑我的最大力量。这已经是不能推脱、更无法逃避的任务了。对我来说不再有所谓的"逃生口",只有重责大任而已。想要成为优秀的第一夫人,只能拼死拼活地努力。

为失去母亲后变得冷清的青瓦台注入全新的活力,代替受国民爱戴的母亲执行应尽的职责,这就是当时二十二岁的我必须接受的宿命。

我决心放下过去岁月,彻底以第一夫人的身份活下去。

原以为遥不可及的春天终于来了。对于失去母亲的一家人来说是个凄凉的春天。曾和母亲散过步的路边已长出了绿芽和小花朵,看着这幅景象,心头一阵酸楚,甚至无法好好地站着。

不知不觉间青瓦台的花园里开满了白色的木莲花。有一天我打开窗户享受着春天的微风,还邀请了父亲一起用茶。这天父亲尤其沉默,大约过了二十分钟,突然向我提起了母亲的事。

"木莲花是你们母亲最爱的花,我的心很痛啊……和你们母亲聊过了无数话题,但她从未提起过为了满足自己私欲而私藏财产之类的话题,就算当了总统的妻子,却依旧过得像贫穷军人的妻子一样。她嘴里总念着要是我离开总统职位,希望可以买一栋山坡上的小房子,在那里种些花草树木过平凡日子。只要想到连如此微小的梦想都没能帮她达成,就让她自己一人离开,我心里就会痛苦万分。槿惠呀,要是连你也不在,我恐怕就活不下去了。"父亲说到这里时不禁流下了眼泪。

每当看到这样的父亲,我都会心疼到不知所措,所以必须想尽办法辅佐父亲，填补那极大的空缺。母亲的心愿就是让大韩民国脱离贫穷，让我们的国民能够吃得饱穿得暖，不再有人需要操心下一餐。"6·25"战争让母亲经历过极度贫困的日子，对母亲来说没有比贫穷更可怕的敌人。失去父母的战争孤儿和无止境的难民行列，到处都是乞丐的战后韩国……为了救国，母亲卷起衣袖辅佐父亲。她有非常明确的目标，就是让大家脱离恐怖的贫困日子。当时的韩国粮食短缺，人民生活极度困苦。

有一天在京畿女高读高三的槿令放假回青瓦台，经过光华门教育会馆前的天桥时，发现一个趴在地上乞讨的少年。同情他的槿令回到青瓦台就把这件事情讲给了母亲听。母亲要我们把那个少年带到青瓦台，她亲手帮那孩子脱掉了身上破旧不堪的衣物，带去浴室好好地给他洗了个澡，然后帮他梳理了头发，还帮他细心地剪了指甲。

那孩子津津有味地吃着母亲替他准备的晚餐，仔细一瞧才发现年纪比志晚还小，脸色看起来苍白无血色，嘴唇发青，一看就知道生病了。一直看着那个孩子吃饭的母亲眼角开始泛红，她坐在孩子身边，认真地帮他搛菜。孩子眼里的恐惧消失了，他就像只可爱的小鸟一样，开心地吃着母亲为他搛起的菜。吃到肚子很撑的小朋友说，哥哥会出来找他，所以必须赶快回去。母亲帮他穿上了新衣服后要秘书室长陪他回家，还屡次嘱咐秘书室长要是见到他的哥哥，一定要替他找到合适工作来养家。那天晚上母亲在办公室里工作到凌晨才回房休息。

我至今都无法忘记那天看到的母亲的眼神，充满着心痛、怜悯、歉意……

每当工作疲惫时我就会看着母亲的照片，就像以前和她面对面谈心事一样把心里的话说出来,这个时候我就会确信母亲一定在某个地方守护着我。

五、相关阅读推荐

[1] 潘雯. 平淡中期待"爆款"——近五年传记类图书市场分析[J]. 出版人,2016(04):48-49.

[2] 李竞谊. 名人光环下的传记热[J]. 出版人,2014(10):80-81.

[3] 刘丽群. 朴槿惠:绝望锻炼了我[J]. 政工导刊,2015(07):71-72.

[4] 周有恒. 入主青瓦台的韩国"冰公主"——记韩国首位女总统朴槿惠[J]. 名人传记(上半月),2013(02):31-37.

[5] 栗月静. 朴槿惠自传,政治就像一出韩剧[J]. 世界博览,2013(10):83.

[6] 孙珏. 最得意的选题策划[N]. 中国出版传媒商报,2014-01-17.

[6] 宿亮. 汉语流利,韩国女总统是位"中国通"[N]. 新华每日电讯,2013-06-26.

[7] 熊争艳. 朴槿惠清华演讲,流利汉语开场[N]. 新华每日电讯,2013-06-03.

[8] 夏丽柠. 用对的方式活下去——评朴槿惠《绝望锻炼了我》[J]. 工友,2013(08):50-51.

畅销书案例分析 2

《解忧杂货店》

张 于

一、图书基本信息

（一）图书介绍

书名：解忧杂货店

作者：[日] 东野圭吾

译者：李盈春

开本：32 开

字数：218 千字

定价：39.5 元

书号：ISBN 978-7-5442-7087-8

出版社：南海出版公司

出版时间：2014 年 5 月

（二）作者简介

东野圭吾，日本推理小说作家，1958年2月4日出生于日本大阪。他毕业于大阪府立大学电气工学专业，之后在汽车零件供应商日本电装担任生产技术工程师，并进行推理小说的创作。1985年，东野圭吾凭借《放学后》获得第31回江户川乱步奖，从此成为职业作家，开始专职写作。他早期以清新流畅的校园推理起家，并以缜密细致的剧情布局获得"写实本格派"的美名；后期，东野的创作逐渐突破传统推理的框架，在悬疑、科幻、社会等多个领域都有所涉猎，作品兼具文学性、思想性和娱乐性，能带给读者新鲜的阅读感受。

1999年，《秘密》获第52届日本推理作家协会奖，2006年《嫌疑人X的献身》获134届直木奖，东野圭吾从而达成了日本推理小说史上罕见的"三冠王"。其代表作有《放学后》《秘密》《白夜行》《神探伽利略》《嫌疑人X的献身》等。2011年11月21日，第六届中国作家富豪榜子榜单"外国作家富豪榜"重磅发布，东野圭吾以480万元人民币的年度版税收入，荣登外国作家富豪榜第五位，引发人们广泛关注。

二、畅销盛况

《解忧杂货店》是日本作家东野圭吾写作的长篇悬疑小说，2011年于《小说野性时代》连载，2012年3月由角川书店发行单行本。这是继《白夜行》后，东野圭吾最受欢迎的作品。自2014年5月出版至今，已创下百万级销量。

此书获得第七届中央公论文艺奖、苹果日报翻译小说销售排行榜连续两季第二名，荣登纪伊国屋、诚品、博客来、金石堂各大排行榜第一名。

此书在亚马逊中国 2015 年度畅销图书榜第二名，成为 Kindle 2015 年度最畅销付费中文电子书，中文付费电子书阅读完成率为中文免费电子书完成率的 3 倍，斩获了年度付费中文电子书的冠军。

2015 年 10 月 29 日，英皇电影及万达电影正式宣布获得东野圭吾畅销悬小说《解忧杂货店》的华语电影及电视版权，电影预计将于 2016 年开始拍摄，并于 2017 年上映。

三、畅销攻略

（一）内容为王

1. 主题的治愈性

东野圭吾的《解忧杂货店》堪称"非东野"，没有罪案、没有侦探，而是以人与人之间的羁绊为主题。不同于以往的揭露人性丑恶的小说，它是乐观的、充满温情的。

这是一部能使我们看到人们面对困难抉择时的犹豫和对未来彷徨的小说，如果你有什么问题需要咨询就写信给解忧杂货店，第二天就能在牛奶箱中找到答案。当我们面对人生岔路口的时候，我们往往会向别人寻求答案。其实在咨询的过程中，我们的心灵早就给了自己最后的答案。就像浪矢爷爷说的："这么多年的咨询信看下来，让我逐渐明白了一件事。很多时候，咨询的人心里已经有了答案，来咨询只是想确认自己的决定是对的。所以有些人读过回信后，会再次写信过来，大概就是因为回答的内容和他的想法不一样吧。"我们咨询无非就是想确认心中的答案是否唯一。浪矢爷爷无疑是个智慧的长者，他通过解忧杂货店让每个人都能在迷雾中看清自己，而他所做的，或者说小说想传达给我们的，就是让我们坚信自己的判断,为了心中的目标去努力。正如书中所说,当你遇到问题时"不妨换一个角度思考。正因为是白纸,所以可以画任何地图,一切都掌握在自己手上。你很自由,充满了无限可能,这是很棒的事。我衷心祈祷你可以相信自己,无悔地燃烧自己"。

这样的治愈系小说帮助我们治愈了现实社会带来的痛感,他注重的是人心,注重的是人文关怀。他洞察人心,对人与人的关系有深刻的见解。他的文字总会让我们合上书卷的时候感到深深的暖意。

2. 设有悬念的开场

中国古代文章学用"虎头"二字强调了文章开篇的特点和重要性。而万事开头难,这在畅销书的写作中尤其适用。在眼球经济时代,一部电影、一份报纸、一本杂志、一部图书,如果没有一个吸引受众胃口的开场,也就意味着失败了一半。

而《解忧杂货店》的开场,十分引人注目。故事一开始便进入高潮:三个小偷误撞进一家名叫浪矢的杂货店。他们无意中发现外面有人往门口的信箱里投了一封信,是一封求助信。在把整封信读过后,他们发现这竟然是一封来自过去的信。三个小偷都非常诧异,并且不知道发生了什么。这样的开场引起了读者的好奇心,吸引着读者想继续读下去,跟随三个小偷的脚步,看看为什么会收到来自过去的信。这样的开场,增加了这本书的故事性和趣味性,让人拿起书来就不想放下。

3. 巧妙的叙事手法

《解忧杂货店》虽然没有推理小说的经典桥段,可是情节却层层相扣。它采用倒叙和插叙的手法将每个来信者都贯穿在一起。叙事时间形成封闭的圆环,是该书的一大特色。

小说是以时间为轴而展开的故事。一部小说选择怎样的叙事时间,可以直接影响它的布局谋篇，乃至读者的接受情况。小说中一共有五位咨询者倾诉了他们的烦恼，每一个咨询者都讲述了一个故事。如果故事这样一个个讲下去的话，这本书会变成一颗颗散落的珍珠，虽然也可称为佳作，但是会失之凌乱。因此作者从截然不同的角度来分别讲述这几个故事，人物遭遇看似独立，看完后却发现其实每个人物都牵动着彼此，都隐隐地和"浪矢杂货店"以及孤儿院"丸光园"有千丝万缕的联系。其间，每个人不经意间的选择和行为，都像投入水面的石子一样，形成了持续不断的涟漪。这些涟漪不断扩大，渐渐形成了牢不可破的羁绊，过去和未来终于交汇于此。这使读者在读到结尾时产生了一种恍然大悟的感觉。

在叙事时，概述、省略随处可见；叙事时间多次重复构成了时间的圆环。小说的第三章第七节，时间由1980年10月跳跃到2012年9月。中间没有任何过渡。在1980年，为大家解答烦恼的浪矢雄治已经过世，其子贵之在"浪矢杂货店"的门口偶遇前来送回信的一位咨询者静子，并对静子回信人的身份有所怀疑（因为静子前来咨询是1979年11月，那时浪矢雄治已经病重住院）。在2012年9月，贵之的孙子骏吾遵从祖父和曾祖父的遗愿，在网上发布了"浪矢杂货店的咨询窗口在三十三年之后复活"的消息。这两段故事乍一看似乎没有关联，实际上，起到关键的衔接作用的是他们对浪矢雄治的遗愿的遵守。三十三年间，时过境迁，而这个约定却在浪矢家代代传承。在此处留下的空白，让读者感受到时间如白驹过隙，但诚信是不会随着时间的流逝而磨灭的。一部好的作品，应当详略得当，不可能面面俱到。省略的手法可以让读者体会到时间的强大，也突出了重点。唯有在最精彩之处不惜笔墨，才能让读者更好地理解作者传达的主旨。[1]

（二）精准的市场定位

《解忧杂货店》之所以能够畅销，有一个很重要的原因是它抓住了一部分读者的市场需求，找到了合适的受众群体。

以读者购买频率作为统计标准，调研结果显示畅销书的核心群体有两部分。首先是学生群体。13~17岁的初中生和高中生，这是个具有阅读强势的读者群。他们的特点是阅读行为易受家长及社会的影响，阅读兴趣广泛但阅读时间有限。另外，是18~25岁的大学生和研究生，此群体的特点是阅读范围兼顾学校与社会，关心所学专业，更关心即将面临的现实生活与工作，阅读更广、更深。其次是职业人士群体，这个群体集中在22~45岁年龄段的职业人士，其特点是已经进入社会，需要随时通过读书充电来调整工作和生活。这两大群体具有强烈的了解世界、追逐社会发展的需要和坚挺的购买力，是畅销书的市场保证。[3]

这本书不同于东野圭吾的其他作品，并不是推理小说，而是带有些幻想元素的写实小说。它在日本的销量并不突出，但在中国却十分畅销。究其原因，这与中国读者目前的需求有关。中国目前正处在社会转型期，城市化进程造成群体细分，经济的高速发展带来的巨大变化让很多人感到困惑与迷茫。每个人每天都有巨大的压力，如作为学生的升学压力，作为上班族的工作压力，或扮演着不同社会角色的人的生活压力。在种种压力和选择的逼迫下，人们往往希望找到一个可以解惑的出口。东野圭吾写作《解忧杂货店》时，日本正好处在与中国相似的发展阶段，该书描写转型社会、城市化进程过后经济的高速发展，以及由此引起的人们的迷茫，正好与中国读者目前所处的环境相适应。

（三）设计风格温馨

这里的设计指的是图书的整体设计，包括开本、封面、版式、纸张和特殊工艺等。设计不能平淡无奇，要有亮点和冲击力，尽可能突出本书的特点，否则很容易湮没在琳琅满目的书海之中。具体设计要针对图书的类别、题材，有针对性地进行设计。值得注意的是，近些年来，腰封因其简洁醒目的宣传效果广受出版人的青睐，对此应该高度重视并充分利用。

具体说来，设计要强调"内容为王"和"编创出新"，力图塑造内容与形式双佳的畅销书形象。畅销书是大众文化发展和普及环境下的产物，它所阐发的观点、概念和表达的内容，都必须切合一时一地的文化时尚与流行思潮，表达方式必须符合读者的阅读口味，如此才能使一本图书具有畅销元素。现代的商品经济更多的是一种"眼球经济"或者"注意力经济"，任何商品都十分讲究外在的包装和形式。图书作为一种特殊的商品，自然也不能例外。对于畅销书来说，在内容过关的基础上，在编创形式上特色鲜明，不仅是必要的，而且是必须的。[5]

（1）书名。一本书的书名是这本书的核心，甚至是它的生命。印在图书封面上的书名就如同人的眼睛，眼睛是我们看人对获得的第一印象，因此书是通过书名给人留下第一印象的。解忧杂货店的日语版名字是"ナミヤ雑貨店の奇蹟"，中文版译成"解忧杂货店"，十分巧妙。"解忧"二字能给那些充满迷茫和困惑的都市人一丝希望。不少读者包括我自己，都是因为书名而对这本书产生了浓厚的兴趣。同时，这本书的全部内容都是围绕解忧杂货店展开的，书名和内容十分贴切。

（2）封面设计。一本书在书架上是否醒目，很大程度上在于书名和封面图片的搭配。从吸引注意力的角度而言，图片的效果往往要高于文字。畅销书往往选用暖色调装饰封面来吸引读者，而《解忧杂货店》却大胆地选用了冷色调，在封面上描绘了一个古老的杂货店的模样。封面上，在昏黄的灯光下，一间堆满杂物的店铺，留声机、旧时钟和缝纫机，营造出了一种怀旧温馨的气氛，仿佛时间就停留在这一刻，不再流逝。而封底是一个用来收信的牛奶箱，这个牛奶箱也是把整本书中的故事和人物联系起来的关键。这样的封面给人一种静谧的感觉，也十分贴合全书的整体风格。

可见，美编在设计本书的封面时，下了很大的工夫。

（3）腰封上的宣传语。宣传语相当于广告文案，主要用于针对受众进行说服和劝诱，实现传播推广、促进销售的最终目的。在图书市场竞争如此激烈的今天，图书的宣传语已经不仅仅局限在传达作品信息这个层面，更多的是在吸引读者的注意力。《解忧杂货店》的宣传语简单凝练，直击人心。腰封上的宣传语像其他畅销书一样介绍了这本书所获的荣誉，并且利用东野圭吾的知名度，写到"《白夜行》后，东野圭吾最受欢迎作品，不是推理小说，却更扣人心弦。"除此外，宣传语还表达了作者本人的想法："如今回顾写作过程，我发现自己始终在思考一个问题：站在人生的岔路口，人究竟应该怎么做？我希望读者能在掩卷时喃喃自语：我从未读过这样的小说。"

（四）系列图书营销打造品牌特色

出版社是图书产品的生产商，具有优良口碑的出版社是图书质量的保证。近年来，品牌建设成为出版人关注的话题之一，许多出版社有意识地从策划、编辑、营销等多方面加强自身的品牌建设。品牌图书是出版社资源优势长期积累形成的社会形象标志，代表一个出版社的总体出书方向。品牌图书的运作必须有一个长期的规划，要具有一贯性，不能朝令夕改，否则就无法在读者心中树立稳定的品牌形象，也会使出版社的工作缺乏目的性和系统性。南海出版公司在出版"东野圭吾"系列小说时，也使用了一些策略。

东野圭吾目前在中国已经逐渐发展成了一个现象级作家，即作品多、动销时间长、销量很大，又有超级畅销代表作的作家。但他的作品并不是传统意义上的推理小说，新经典公司的外国文学总编辑黎遥在开卷讲堂中评价东野圭吾的作品时说："大众图书中畅销的、长销的、受人尊敬的、有影响力的这些元素，在他的书里都能够找到。"相比起传统的以推理作为核心内容的推理小说，东野圭吾更重视描写案件背后的情感因素，甚至会用一些非常不像推理小说的写作方法。例如《嫌疑人X的献身》，开篇读者就已经知道了凶手是谁，以及凶手的作案方式和动机。这样的写作手法打破了传统推理小说寻找凶手的定式，让人读来耳目一新，行文中埋下的许多伏笔也让读者欲罢不能；同时，作品并没有过分强调推理，而是以爱情贯穿全书，给人更强的震撼。

因此，一家出版社只出版一位作家的一本图书，是不太容易持续畅销的，需要多部作品相互依托。而引进一系列作品，先出哪几本书就很重要。出版社在引进东野圭吾作品的时候，选择最先做《嫌疑人X的献身》，是看中这本书内容吸引读者、更容易被读者接受的特点，通过这本书给东野圭吾的作品贴上了一个"好看的推理小说"的标签，逐渐培养喜爱东野圭吾的读者群。在《嫌疑人X的献身》取得成功之后，出版社又陆续推出一批优秀的作品，如《白夜行》等，这就很容易形成一股气势，促进作品的畅销。东野圭吾能够成为现象级作家，并不仅仅是因为一两本书，而是多本图书共同作用的结果。[4]

因此，在有几部佳作的铺垫之下，再推出《解忧杂货店》，既是转型之作，给人以耳目一新的感觉，又能使东野圭吾系列图书的销售保持一定的热度。

（五）充分开发IP价值

IP本为Intellectual Property（知识产权）的英文缩写，在时下的中国出版语境中，它特指基于影视开发的文学图书出版。影视行业的"IP热"，对图书出版产生了巨大影响。一方面，文学作品成为影视改编追逐的对象；另一方面，在文学作品成为影视改编"IP基地"的同时，影视节目同样也反哺了 IP 图书出版。

"东野圭吾"系列图书也一直是这样做的。在此之前,东野圭吾过去已有包括《秘密》《白夜行》《嫌疑人X的献身》《湖边凶杀案》等多部作品被改编成日本及韩国的电视剧、电影和漫画。这些相关影视漫画作品的开发再次带动了图书的热销。而《解忧杂货店》由于在中国的热卖,被中国的英皇电影和万达电影购买了其华语电影及电视版权,电影预计将于2016年开始拍摄,于2017年上映。东野圭吾本人对其作品即将被改编成华语电影也表示出了热切的期待:"要将这部小说作品改编成电影并不容易,这将会是一个充满挑战性的创作,我已迫不及待地想看看改编后的成果。"

四、精彩节选阅读

第一章 回答在牛奶箱里

读完信,三个人面面相觑。

"这是怎么回事?"翔太率先打破沉默,"为什么会有这种信投进来?"

"因为有烦恼吧。"幸平说,"信上是这么写的。"

"这我知道,我是说,为什么咨询烦恼的信会投到杂货店来?还是一个没有人住、早就荒废的杂货店。"

"这种事,你问我我也不知道啊。"

"我没问你,只是把疑问说出来而已。这到底是怎么回事?"

听着两人的对话,敦也往信封里望去。里面有一个叠好的信封,收信人那里用签字笔写着"月兔"。

"这是怎么回事呢?"他终于开口了,"看起来不像是煞费苦心的恶作剧，而是很有诚意地在请教，并且烦恼着实不轻。"

"该不会是搞错地方了吧？"翔太说，"肯定是别的地方有家替人解决烦恼的杂货店，被人错当成了这里。"敦也拿起手电筒，欠身站起。"我去确认一下。"

从后门出来，绕到店铺前方，敦也用手电筒照向脏兮兮的招牌。

凝神看时，虽然招牌上油漆剥落殆尽，很难辨认，但"杂货"前面的字样应该是"浪矢"。

回到屋内，敦也把自己的发现告诉了两人。

"这么说，的确是这家店啰？一般会有人相信把信丢到这种废屋里，就能收到认真的答复吗？"翔太歪着头说。

"会不会是同名的店？"说话的是幸平，"正牌的浪矢杂货店在其他地方，这家因为名字一模一样所以被误认了？"

"不，不可能。那块招牌上的字很模糊，只有知道这里是浪矢杂货店才会认出来。更重要的是……"敦也拿出刚才那本周刊，"我总觉得在哪儿见过。"

"什么在哪儿见过？"翔太问。

"'浪矢'这个名字，好像是在这本周刊上吧。"

敦也翻开周刊的目录，匆匆浏览着，很快目光停在了一个地方。

那篇报道的标题是"超有名！解决烦恼的杂货店"。

"就是这篇，不过不是'浪矢'，而是'烦恼'……"

翻到对应的页数，报道的内容如下：

一家能够解决任何烦恼的杂货店很受欢迎。那就是位于××市的浪矢杂货店。只要把想咨询的事情写在信里，晚上投进卷帘门

> ※ 畅销书案例分析 ※

上的信箱投递口，第二天就能从店后的牛奶箱里得到答案。店主浪矢雄治（七十二岁）笑着讲述道："这件事的起因是和附近的孩子们拌嘴。他们故意把'浪矢'（namiya）念成'烦恼'（nayami），看到招牌上写着'提供商品订购服务，欢迎咨询'，又来问我：'爷爷，那咨询烦恼也行吗？'我说'行行，咨询什么都行'，他们就真的跑来咨询。因为原本只是开玩笑，所以一开始问的问题都没什么正经，像是'讨厌学习可又想成绩单上全五分，该怎么办'之类的。但我坚持认认真真地回答每个问题，渐渐严肃的咨询多了起来，比如'爸爸妈妈整天吵架，觉得很痛苦'这样的。没过多久，咨询方式就变成写信投进卷帘门上的信箱里，回信放在店后的牛奶箱中。这样一来，匿名的咨询也可以得到回复了。后来从某个时期开始，也逐渐有成年人来咨询烦恼。虽然跟我这个普通的老头子讨教也没什么用，我还是会用自己的方式努力思考，做出回答。"

在被问到"什么样的问题比较多"时，店主回答说恋爱问题占大多数。

"不过老实说，这类问题是我最不擅长的。"浪矢先生说。这大概是他自己的烦恼吧。

报道配了一张不大的照片，照片上毫无疑问就是这家店。一位瘦小的老人站在店前。

"看来这本周刊不是凑巧留下来的，而是特意收藏的，上面登着自家的店嘛。不过，还是很让人吃惊啊……"敦也喃喃道，"这就是能咨询烦恼的浪矢杂货店？到现在还有人来咨询吗？都已经过去四十年了。"说着，他望向月兔的来信。

……

月兔的三封信并排摆在餐桌上，三人围坐在桌前。

"我们来理理头绪。"翔太开口说，"这回幸平放到牛奶箱里的信又消失了。幸平一直在暗处盯着，但没有人靠近过牛奶箱。另一边，敦也盯着店门口，也没有人靠近过卷帘门。可是第三封信却放进来了。到这里为止，我说的有什么和事实不符的吗？"

"没有。"敦也简短地回答，幸平也默默点头。

"也就是说，"翔太竖起食指，"没有人接近过这里，但幸平的信消失了，月兔的信投进来了。牛奶箱和卷帘门我都仔细检查过，没有任何机关。你们觉得这是怎么回事？"

敦也靠在椅背上，十指交叉抱在脑后。

"就是因为想不明白，才会这么苦恼啊。"

"幸平你呢？"

幸平晃了晃圆圆的脸颊。"我不知道。"

"翔太，你想到什么了吗？"

敦也一问，翔太就低头看着三封来信。

"你们不觉得纳闷吗？这个人竟然不知道手机……"

"就是开个玩笑吧。"

"是这样吗？"

"当然是，现在哪儿有不知道手机的日本人啊！"

翔太随即指向第一封来信。

"那这怎么解释？这上面提到'明年的奥运会'，可是仔细一想就知道，明年既没有冬季奥运会也没有夏季奥运会。前两天伦敦奥运会才刚闭幕。"

敦也不由得"啊"了一声。为了掩饰失态，他皱起眉头，揉了揉鼻子下面。"一定是她记错了吧？"

"是吗？这么重要的事情也会记错吗？她可是以参加奥运会为目标啊。而且她连可视电话都不知道，你不觉得这也太离谱了吗？"

"那倒也是……"

"除此之外，还有一件特别诡异的事。"翔太压低了声音，"我刚才在外面的时候注意到的。"

"什么事？"

翔太闪过一丝犹豫的神色，然后才开口。

"敦也，你现在手机是几点？"

"手机？"敦也从口袋里拿出手机，看了眼时间，"凌晨三点四十。"

"嗯。也就是说，我们已经在这里待了一个多小时了。"

"是啊，这有什么问题吗？"

"嗯，还是……跟我来吧。"翔太站了起来。他们再次从后门来到屋外。翔太站在屋子与隔壁仓库的空隙当中，抬头望着夜空。

"第一次经过这里的时候，我记得月亮是在正上方。"

"我也记得，怎么了？"

翔太目不转睛地望着敦也。

"你不觉得不对劲吗？已经一个多小时过去了，月亮的位置几乎没变过。"敦也愣了一下，不明白翔太在说什么。但他很快就反应过来，顿时心脏狂跳，脸颊发烫，背上冷汗直流。

他拿出手机，显示的时间是凌晨三点四十二分。

"到底是怎么回事？为什么月亮没有移动？"

"也许现在这个季节月亮就是不大移动吧……"

"哪儿有这种季节！"翔太立刻驳斥了幸平的意见。

敦也看看自己的手机，又看看夜空的月亮。究竟发生了什么，他完全摸不着头绪。

"对了！"翔太开始操作手机，像是在给哪里打电话。

打着打着，他的脸僵住了，眼睛眨个不停，失去了刚才的从容。

"怎么啦？你在给谁打电话？"敦也问。翔太没作声，把手机递了过去，示意他自己听。

敦也将手机贴到耳边，里面传来一个女声：

"现在为您报时：凌晨两点三十六分。"

三人回到屋里。

"不是手机坏了，"翔太说，"是这栋屋子的问题。"

"你是说，屋里有什么东西让手机的时钟不准了？"

对敦也的看法，翔太没有点头认同。

"我觉得手机的时钟没有出错，还在正常运转，只是显示的时间和实际时间不一样。"

敦也皱起眉头。"怎么会这样？"

"我想，可能是这栋屋子和外界在时间上被隔绝了。两边时间的流逝速度不同，这里很长的一段时间，在外界只是短短一瞬间。"

"啊？你说什么呢？"

翔太又看了一眼来信，然后望向敦也。

"没有人靠近这间屋子，幸平的信却消失了，月兔的信也来了。照常理来说这种事情是不可能发生的。那么，我们不妨这样想，有人取走了幸平的回信，读过后又送来了下一封信，只是这个人我们看不到。"

"看不到？是透明人吗？"敦也说。

"噢，我懂了！是幽灵在捣鬼。这里还有这玩意儿啊？"幸平缩起身体，环视着周围。

翔太缓缓摇头。

"不是透明人，也不是幽灵。那个人，不是这个世界的人。"他指着三封来信，继续说道，"是过去的人。"

五、相关阅读研究

[1] 李天. 时间之环——《解忧杂货店》的时间变形[J]. 佳木斯职业学院学报, 2015(06): 58-59.

[2] 华祺蓉. 东野圭吾小说的治愈性特征[J]. 太原师范学院学报(社会科学版), 2015(06): 87-89.

[3] 李亦宁. 基于畅销书市场调研的畅销书受众分析[J]. 新闻界, 2010(02): 47-48.

[4] 北京开卷信息技术有限公司研究咨询部. 现象级作家东野圭吾是如何炼成的[N]. 中国新闻出版广电报, 2015-07-27.

畅销书案例分析 3

《岛上书店》

刘晓宇

一、图书基本信息

（一）图书介绍

书名：岛上书店

作者：加布瑞埃拉·泽文

译者：孙仲旭、李玉瑶

开本：32 开

字数：167 千字

定价：35.00 元

书号：ISBN 978-7-5399-7181-0

出版社：江苏凤凰文艺出版社

出版时间：2015 年 5 月

（二）作者简介

《岛上书店》的作者加布瑞埃拉·泽文，是美国作家兼电影剧本编剧。她年轻而富有朝气，深爱阅读和写作。她大学期间主修英美文学，于2000年顺利从哈佛毕业。14岁时，她曾撰写过一封关于"枪与玫瑰乐团"的信，并顺利成为乐评人。2005年她的第一部小说《我在另一世界等你》出版，其图书还版权便远销几十个国家和地区。

加布瑞埃拉·泽文喜爱阅读，对书籍和书店都有自己独到的见解与判断。《岛上书店》是她创作的第8本书，并成为现象级的全球畅销书，一直占据各大畅销书排行榜。截至2016年3月，加布瑞埃拉·泽文的版税收入位列华西都市报、封面新闻、大星文化全国独家发布的2015第十届作家榜外国作家榜第9位。由她编剧的多部电影剧本也相继被电影制片厂买断，陆续被拍摄成影片。

二、畅销盛况

2014年4月，《岛上书店》在美国出版，48小时内在美国社交网上引发热议。《岛上书店》的电子书在亚马逊kindle文学类图书榜上排名第一，并曾在各种图书网站上位列过榜首。

一年之内，《岛上书店》畅销美国、德国、英国、法国、意大利、西班牙、加拿大、巴西、荷兰、日本和韩国等25个国家，感动了世界各地的千万读者。

2014年，《岛上书店》被列入美国图书馆推荐阅读书目，高票获选美国独立书商选书前列。

2015年5月12日，《岛上书店》中文版发行，销量一直领先，位居亚马逊、当当、京东图书排行榜前列。截至 5 月底,《岛上书店》已成为开卷排行榜上的畅销书,超越《解忧杂货店》等畅销书。2015 年 12 月 10 日,亚马逊中国发布 2015 年的图书排行榜。《岛上书店》《解忧杂货店》《秘密花园》成为亚马逊畅销榜前三名。

2016 年 3 月,亚马逊中国发布 2015 年浪漫图书排行榜,《岛上书店》占据榜首。短短几月,国内多家媒体也相继报道了《岛上书店》的畅销盛况。

三、畅销攻略

《岛上书店》共 167 千字,全书始终以书和书店贯穿始终。故事的主人公是 A.J. 弗克里,他一生酷爱读书,与第一任妻子在艾丽丝岛上经营唯一一家岛上书店。生活本可以平淡无奇地过下去,可是意外却降临到他的身上。在一次车祸中,他的妻子不幸去世,他的书店也面临倒闭的危机。面对窘境,他沉迷于书籍之中,整天浑浑噩噩地生活,甚至一度想要放弃,最后他连他唯一值钱的珍宝(帖木儿)也丢失了。生活的重重打击,让他几近崩溃。

就在此时,一个娇小的婴儿出现在他的书店,他决定按照孩子母亲的遗愿收养婴儿。意外的是,婴儿玛雅渐渐地改变了 A.J. 弗克里,让弗克里的生活从灰暗变得光明。

伴随着玛雅的到来,A.J. 弗里克和岛上的警长兰比亚斯、妻姐伊斯梅,以及出版社派来的女业务员阿米莉亚,开始更加紧密地接触。原本毫无期待的生活,焦头烂额的琐事,都在他们爱与被爱的过程中,变成了一段段幸福的小插曲。小岛上几个人开始与书结缘。通过阅读与分享,通过互助与沟通,他们的生活开始变得色彩斑斓。原本对生活没有期许的 A.J. 弗克里，也在困境中收获了自己的爱情与幸福。

本书以故事形式叙述，简单易读，同时让读者觉得温暖而感动。《岛上书店》在短短的几个月的时间内就成为了畅销书，占据各大畅销书排行榜前列。它是一本现象级的全球畅销书，是一本畅销25个国家席卷全球的治愈系小说。《岛上书店》作为一本超级畅销书有诸多畅销的因素，正是由于各方的努力，促成了《岛上书店》的销售业绩。

（一）内容设置符合市场需求

一本畅销书需要蕴含丰富的文化背景并且符合市场需求。在现今快节奏的生活中，读者在闲暇时喜欢阅读轻松易懂并且放松心情的图书。这样的书有一批特定读者对象，同时也适合大众读者阅读。

《岛上书店》全书一共分为两部，共十三章。每章节以小说名来命名，每章开篇是A.J.弗克里阅读小说的读后感。书籍在内容设计上很有创意，开篇读后感的形式与图书整体关联性强，并且突出了书中主人公的个性，与此同时开篇的小说读后感也衔接起了书中的故事情节。

全书以小说形式展现，一个平淡的故事，因为独特的人物塑造而变得栩栩如生。几个人有着不一样的生活背景，不一样的性格，却意外的因书结缘。原本爱书的A.J.弗克里和阿米莉亚志同道合，原本不爱看书的兰比亚斯，在和A.J.弗克里相处的过程中开始阅读书籍、开办读书讨论会，逐渐爱上阅读。玛雅则是从小在书店生活，酷爱读书，对未来有着无比的向往与憧憬。

事实上，本书不同于以往的外国文学图书，它的内容浅显易懂，同时涵盖丰富的小说常识，这不仅能开拓读者的视野，同时会与爱书之人产生共鸣。除了爱书人士阅读，书籍中A.J.弗克里的人生境遇，也让很多大众读者感同身受。这也是为何此书畅销的一大原因。

优秀的图书会让读者产生共鸣，一本超级畅销书在内容的设计与把控方面要力求真实，增加读者共鸣。而每个人在生活中都会遇到窘境，当人生处于低谷的时候，人们或是沮丧，或是痛苦，但是困难总会过去，当努力克服困难之后，人们的生活会变得更加美好。而《岛上书店》一书就在透过A.J.弗克里的生活来阐述这一主题。正如书名下方的那句话所说"没有谁是一座孤岛"。当你觉得孤立无援、生活困苦的时候，总有转机会让你的生活变得更加美好。

综上所述，书籍的内容不仅不晦涩难懂，而且充满正能量。作者在内容创作方面不仅体现了书籍本身的价值，而且也展现出人与人之间相处的点点滴滴。内容温暖而治愈，符合现今绝大多数读者的阅读需求。

（二）作者创作风格独特

《岛上书店》的作者是加布瑞埃拉·泽文。加布瑞埃拉·泽文在上学期间主修的英美文学，阅读图书不难看出，作者博览群书，对各类文学作品都有自己独到的见解。书中蕴含大量的长篇、中篇、短篇小说的相关内容与注解。而在作者写作的过程中，其对小说的内容、出处、人物设定也都是信手拈来。就连A.J.弗克里与阿米莉亚吃饭的餐厅都是以小说为主题，以小说人物姓名为菜品命名。由此可知，阅读这本书，读者可以透过作者的笔触知道、了解许多英美文学的优秀小说作品，与记背英美文学小说相比，阅读图书并且从中悉知文学小说会让读者觉得更加生动有趣。

此外，作者不仅是一名作家，也是一名优秀的编剧。双重的身份让作者在创作图书的过程中更加游刃有余。阅读图书有一种看电视剧的感觉，其写作风格独树一帜，主人公的对话风趣幽默。事件与故事情节环环相扣，十分有连贯性。尤其是书中人物的对白，风趣幽默又不落俗套。针对不同的人物背景，作者加布瑞埃拉·泽文也做了不同的处理，在对话的过程中可以明显地感觉到A.J.弗克里的变化。人物性格也在对话的过程中表现得淋漓尽致。书中写道，警长兰比亚斯似乎见证了A.J.弗克里所有"悲催"经历，而即便是在失去爱妻妮可的时候，弗克里还在用小说中的情节描绘着眼前悲伤的一幕。读到动情处会觉得这样的对白风趣而幽默。

而且，作者对于小说的见解十分独到，这也使得她的写作风格独特新颖。章节开篇的读后感有着作者对于小说的理解，而且推荐的每一篇小说都可以称之为佳作，十三章的小说推介可以成为一份不错的阅读书单，这也为图书增色了不少。

（三）口碑传播，打响知名度

《岛上书店》不同于有明星效应的图书，它的作者鲜为人知，但是这并没有影响图书的快速传播。现如今，网络迅速发展，恰当的营销和适当的网络推介会促进图书的销量。2014年《岛上书店》在美国出版，24小时内就快速出现在社交网络之上。读者通过购买阅读，并且在Facebook等社交平台上，发表照片和文字来畅谈自己的阅读体验。这种良好的口碑宣传，奠定了图书畅销的基础，伴随着图书的畅销，各国纷纷开始引进版权，翻译出版，这也促使图书开始畅销全球。

口碑宣传让更多的人选择阅读购买、加之图书内容易懂，读者阅读速度快，这使得《岛上书店》的读者宣传更加具有时效性。一般读者花费几个小时便可读完整本书，快速的阅读使得读者可以快速的宣传、分享。当受众累积到一定数量，口碑效应就提升了书籍的整体影响力。越来越多的大众开始熟知这本书，与此同时无论是出于好奇、或是喜爱都会增加大众对于《岛上书店》的购买需求。当需求量上升，各大售书网站也都会有所显示，赫然而立的畅销书排行榜成为《岛上书店》第二次口碑宣传的重要渠道。

由此不难看出，口碑宣传对于《岛上书店》的畅销起着深远的影响，当书名时刻出现在人们的生活中时，会增加读者购买的可能性，而且轻松易读的书也会让读者放松身心，快速充实自己。这一点完全符合畅销书的基本架构。在传播过程中，《岛上书店》不仅仅是通过读者进行传播，各大媒体也相继报道《岛上书店》，除此之外，《岛上书店》还时常与近期畅销书同时出现在图书网站的榜单上，例如《解忧杂货店》《秘密花园》等，与时下的畅销书齐名，也打响了图书的自身知名度，让其快速的跻身于畅销书前列。

（四）图书的宣传与设计，激发读者购买

图书的封面设计简洁、明了、贴近主题。书名为《岛上书店》，其封面是有玻璃橱窗的书店局部景观。书店的门和墙壁均是红色，营造出一种水彩画的效果，封面鲜亮，吸引读者视线。此外，其宣传语句句斟酌，意外碰触到当下许多人的内心痛楚，让读者可以在看到封面的时候就感同身受，决定购买。

书的腰封有醒目的宣传语，不仅体现了图书的畅销地位，而且周刊、日报、名家评论都为图书增色不少。在现如今竞争激烈的社会中，每个人都会遇到瓶颈和困难，书在腰封处写到："每个人的生命中，都有最艰难的那一年，将人生变得美好而辽阔。"清晰醒目的宣传语让大众看到图书的第一眼就感受到了无限的慰藉与鼓舞。人们愿意阅读正能量的书籍，正如在纷繁的社会中，人们希望找到栖息的港湾一样。书籍的宣传语戳中了现代人的痛点，不停地凸显着图书的产品价值，并且依靠语言的魅力，时刻激励，诱导着消费者购买。

对于大众读者而言，《岛上书店》是一本温暖而治愈的小说。里面的主人公犹如现实版最为落魄的"自己"。主人公在书中从落寞看到希望，从悲

观变得乐观。小岛上来来往往的人将爱与被爱诠释得淋漓尽致，同时也吸引着读者从中汲取能量。可以说书籍的宣传语以及书中的内容，在很大程度上给阅读它们的读者带去了勇气和力量，让更多处于窘境的人在困难中看到了希望。

（五）巩固读者群，创立品牌概念

《岛上书店》一书由读客策划引进，江苏凤凰文艺出版社出版。事实上，上海读客图书有限公司至今已创立了近十年。十年间，读客公司凭借《藏地密码》《无声告白》《教父》《岛上书店》等畅销书，走入大众的视野，得到读者的认可。

阅读《岛上书店》可以看出，在书的定价旁有读客熊猫 logo，logo 上方写着"认准读客熊猫，本本都很畅销"的字样，其下方则是读客的官方网站。

多年来，读客不追踪热点话题，团队旨在认真探索、发现高效的产品，并且不断地对产品进行升华，力求本本精品，确保一年至少策划一部超级畅销书。这种精益求精的态度，让读客图书建立了一定的粉丝读者群，并且读者群体在不断地扩大。

正如华楠所说：现今是个信息快速传播的时代，它巧妙的融合了粉丝经济的特征，读客一直在着重做粉丝经济。这一明确的目标定位让读客出版的图书更加有温度也更加具有人性化。这样依据品牌效应出版的《岛上书店》先前是借助了以往的畅销书口碑而开始畅销，而如今则是自成体系，已经拥有了自己的读者粉丝群体。而这就是粉丝群体的建设与演化。

综上分析，可以看出《岛上书店》的畅销有很多原因。一方面归功于图书本身的产品价值，另一方面则要归功于图书的营销包装。优秀的营销策略提升了图书自身的竞争力，让《岛上书店》这本书从大量的新书中脱颖而出，持续畅销。

四、精彩节选阅读

《像里兹饭店那样大的钻石》

　　从技术角度说来，这是一部中篇，但是话说回来，中篇属于灰色地带。然而，如果你置身于那种不怕麻烦、想要进行这类区分的人群中——我以前就是那种人——你最好还是知道有什么不一样。（如果你最后进了一所常春藤联盟大学，很可能会遇到这种人，用知识来武装自己以对付这帮傲慢的家伙。不过我扯远了。）埃德加·爱伦·坡把短篇小说定义为一口气能读完的小说。我想象在他那时，"一口气"持续的时间更长。不过我又扯远了。

　　这个故事写作手法巧妙、剑走偏锋，写的是用钻石建造的一个镇所遇到的挑战，还写到富人们为了保卫自己的生活方式极尽所能，展现了菲茨杰拉德的精湛写作技巧。《了不起的盖茨比》无疑令人眩目，但是在我看来，那部长篇小说有些地方写得过于雕琢，就像花园里修剪过的灌木。对他来说，短篇小说发挥空间更大，可以写得更凌乱一点。《像里兹饭店那样大的钻石》就像一个被施了魔法的花园侏儒那样，富有生气。

　　关于：何以列入此篇。我应不应该做这件显而易见的事，告诉你就在我遇到你之前，我也丢失了一件——若估价的话——价值不菲的东西？

——A. J. F.

　　对此，我有自己的看法。要记着，除了通常那些地方，也可以在别的地方获得不错的教育。

尽管他想不起来自己是怎样上床的，也想不起来是怎样脱掉衣服的，A.J.却是在床上醒来，身上只穿着内衣。他记得哈维·罗兹死了，记得自己在奈特利出版社那位漂亮的销售代表面前表现恶劣，记得在房间里扔过咖喱肉，记得喝下的第一杯葡萄酒以及向《帖木儿》祝酒。在那之后，他什么都不记得了。从他的角度看，这个晚上过得成功。

他的头在咚咚跳着疼。他走到大房间那里，想着会发现咖喱肉的残迹。但地板和墙面都一尘不染。A.J.从药柜里找出一片阿司匹林，一边暗自庆幸自己有这样的远见，居然把咖喱肉都清理干净了。他坐在餐厅的餐桌前，注意到葡萄酒瓶已经拿出去扔掉了。他做事这么一丝不苟倒是奇怪了，但也并非前所未有。若喝醉后能保持整洁不算一项本领，那他真的一无是处了。他往餐桌对面看去，他本来把《帖木儿》放在那里的。现在书不在了，也许他只是以为他从盒子里拿出了那本书？

走过房间时，A.J.的心脏跟他的头比赛着咚咚直跳。走到半道上，他就看到用来保护《帖木儿》不受外界侵害的、用密码锁锁着的恒温玻璃棺材敞开着，里面空空如也。

他披上一件浴袍，穿上最近没怎么穿过的那双跑步鞋。

A.J.沿着威金斯船长街慢跑，他破破烂烂的格子浴袍在他身后飞舞拍打。他看上去像是位意志消沉、营养不良的超级英雄。他拐上主街，径直跑进睡意未消的艾丽丝岛警察局。"我被偷了！"A.J.叫道。他没有跑多远，却在大喘气，"拜托，谁来帮帮我！"他努力不让自己感觉像个被偷了钱包的老太太。

兰比亚斯放下咖啡，打量这个穿着浴袍的狂乱男人。他认出他是书店老板，也是他，一年多之前，他年轻漂亮的妻子开车冲进湖里。和上次见面时相比，A.J. 显得苍老许多，虽然兰比亚斯觉得变老是一定的。

"好吧，费克里先生，"兰比亚斯说，"告诉我出什么事了。"

"有人偷了《帖木儿》。" A.J. 说。

"什么是'帖木儿'？"

"是一本书，一本很值钱的书。"

"说清楚点。你指的是有人没付钱拿走了店里的一本书。"

"不，是我个人收藏的书，是一本十分稀有的埃德加·爱伦·坡的诗集。"

"所以，这好像是你很喜欢的一本书？"兰比亚斯说。

"不，我根本不喜欢它。它是本垃圾，不成熟的垃圾作品。只不过……" A.J. 喘不过气来，"操。"

"别激动，费克里先生。我只是想弄明白。你不喜欢这本书，但是它具有感情价值？"

"不！操它的感情价值。它有很高的商业价值。《帖木儿》就像珍本书中的霍纳斯·瓦格纳。你知道我在说什么吗？"

"当然，我老爹收集棒球卡。"兰比亚斯点头，"这么值钱？"

A.J. 的嘴巴跟不上脑子的速度。"这是埃德加·爱伦·坡最早的作品，当时他十八岁。这本书数量极少，因为首印只印了五十本，还是匿名出版的。封面上没有印'埃德加·爱伦·坡著'，而是'一位波士顿人著'。依据品相和珍本书的行情，每本能卖到四十万美元以上。我本来打算过段时间等经济有点起色后，就把这本书拍卖了。我本来打算关掉书店，靠那笔收入过退休生活。"

"如果你不介意我问，"兰比亚斯说，"你干吗把那种东西放在自己家里，而不是银行的保险库里呢？"

A.J.摇摇头。"我不知道，我蠢，喜欢它在身边，我想。我喜欢看到它，让它提醒我什么时候我不想干了，什么时候就可以不干。我把它放在一个配组合密码锁的玻璃盒里。我本来想着那够安全的了。"确实，除了旅游季节，艾丽丝岛上极少有盗窃案。而此时是十月。

"这么说，有人打破了玻璃盒子还是破解了密码？"兰比亚斯问。

"都不是。昨天晚上我想一醉方休。真他妈蠢，可是我把那本书拿出来，好让自己能看着它。就是让它跟我做个伴吧，我知道这借口很糟糕。"

"费克里先生，你为《帖木儿》投过保吗？"

A.J.把头埋进双手当中。兰比亚斯把那理解为书没有投保。"我大约一年前才发现那本书，是我妻子去世后两三个月的事。我不想多花钱，就一直没去办。我不知道，有上百万个白痴理由，主要的一条是，我是个白痴。兰比亚斯警官。"

兰比亚斯没有费事去纠正他应该是兰比亚斯警长。"我准备这样做。首先，我会跟你做一份笔录。然后，等我的探员来上班后——淡季她只上半天班——我会派她去你那里寻找指纹和别的证据。也许会有所发现。我们还可以做一件事，就是给所有拍卖行和经营这类物品的其他人打电话。如果它像你说的那样，是本珍本书，那这样一本来路不明的书出现在市场上，大家会注意到的。像那种东西不是需要有份记录，说明谁曾经拥有过，一份叫什么的那个吗？"

"来源证明。"A.J.说。

"对，一点没错！我妻子曾经爱看电视上的鉴宝节目。你看过那个节目吗？"

A.J.没有回答。

"最后一件事，我想知道还有谁知道这本书。"

A.J.哼了一声。"谁都知道。我妻子的姐姐，伊斯梅，她在中学教书。她一直担心我，自从妮可⋯她总在劝说我走出书店，去岛外走走。大约一年前，她拉我去密尔顿参加了一次乏味的资产拍卖会。这本书跟五十本左右其他的书放在一个箱子里，除了《帖木儿》，别的全都一文不值。我付了五美元。那些人根本不知道自己手里有什么东西。如果你想听实话，这件事让我感觉挺不自在，倒不是说现在还有什么所谓。不管怎么样，伊斯梅觉得如果我把它放在书店展览，会对生意有帮助，有教育意义和别的狗屁好处。所以去年整个夏天我都把那个玻璃盒放在书店里。你从没来过书店，我想。"

兰比亚斯看着自己的鞋子，上千节中学英语课上他没能完成老师所要求的最低阅读作业量时那种熟悉的羞愧感又一下子回来了。"我算不上个读书人。"

"不过你读一些罪案作品，对吧？"

"好记性。"兰比亚斯说。事实上，A.J.对人们的阅读品位记性绝佳。

"迪弗，是吗？你要是喜欢那类，有这么一位新作家，来自——"

"没问题，我什么时候会过去一下。我能帮你给谁打个电话吗？你的妻姐是伊斯梅·埃文斯-帕里什，对吗？"

"伊斯梅在——"就在这时，A.J.突然呆住了，像是有人按了他身上的暂停键。他眼神茫然，嘴巴张着。

"费克里先生？"

有将近半分钟的时间，A.J.就待在那里，然后他接着说话，似乎什么都没发生过。"伊斯梅在工作，我没事。不需要给她打电话。"

"你刚才有一会儿失去了意识。"兰比亚斯说。

"什么？"

"你昏过去了。"

"噢，天哪。那只是一时走神，我小时候经常那样，成年后很少再犯，除了在压力特别大的时候。"

"你应该去看看医生。"

"不，没事，真的。我只想找到我的书。"

"你去的话，我会感觉好一点。"兰比亚斯坚持道，"你今天早上受到很大的打击，我也知道你是一个人住。我要送你去医院，然后我要让你的妻姐、姐夫去那里找你。同时，我会让我的人看看能不能找到关于你那本书的什么线索。"

在医院里，A.J.等待，填表，等待，脱衣服，等待，接受检查，等待，穿上衣服，等待，接受更多的检查，等待，再脱衣服。最后，一位中年的全科医生为他看病。女医生并不特别担心他这样的突然发作。然而各项检查表明对于他这样三十九岁的男性来说，他的血压和胆固醇水平正好处于偏高这一区间。她询问A.J.的生活方式。他实话实说地回答道："我不是您所称的那种酒鬼，不过我的确喜欢至少每星期一次把自己灌醉。偶尔抽烟，吃的全都是冷冻食品。我很少用牙线。我曾是个长跑运动员，但是现在根本不锻炼。我一个人住，也没有值得维系的人际关系。自从我妻子去世后，我也讨厌起自己的工作。"

"哦，就这些吗？"医生问，"您还是个年轻人，费克里先生，可是一个人的身体只能承受那么多。如果您想自杀，我当然能想到更快、更容易的方式。您想死吗？"

A.J.一时答不上来。

"因为要是您真的想死，我可以安排对您进行精神方面的观察。"

"我不想死，"过了一会儿A.J.说，"我只是觉得很难一直待在这里。您觉得我疯了吗？"

"不。我能明白您为什么有那种感觉。你正在经历一段艰难时期。先从锻炼开始吧，"她说，"您会感觉好些的。"

"好吧。"

"您妻子挺可爱的，"医生说，"我以前参加过您妻子在书店组织的母女读书会。我的女儿现在还在您那里做兼职。"

"莫莉·克洛克？"

"克洛克是我先生的姓。我是罗森医生。"她敲敲自己的名牌。

在医院大厅里，A.J.看到了熟悉的一幕。"您会介意吗？"一位穿着粉红色实习服的护士拿着一本破旧的大众市场平装本，递给一个穿着肘部有补丁的灯芯绒西装上衣的男人。

"我很乐意，"丹尼尔·帕里什说，"你叫什么名字？"

"吉尔，就是'杰克和吉尔去爬山'里面的吉尔。梅西，就是那家百货公司的名字。我读过您所有的书，但我最喜欢这一本。嗯，到目前为止吧。"

"那可是普遍的看法，山上的吉尔。"丹尼尔不是开玩笑。他的其他书都不如第一本畅销。

畅销书案例分析

"我根本表达不出它对我有多么大的意义。嗯,我一想到它就会流泪。"她低头垂目,像位艺妓那样恭敬,"是这本书让我想当一名护士!我才来这里上班。自从我得知您住在这个镇后,就一直希望您哪天会来这儿。"

"你是说,你希望我生病?"丹尼尔微笑着说。

"不,当然不是!"她脸红了,然后搞了一下他的胳膊,"你!你真坏!"

"我是坏,"丹尼尔回答,"我的确坏得要命。"

妮可第一次见到丹尼尔·帕里什时,曾评论他长得帅,可以在本地新闻台当新闻节目主持人了。等开车回到家时,她修改了她的看法:"他的眼睛太小,不适合做新闻节目主持人。他可以当天气预报员。"

"他的确声音洪亮。"A.J. 当时说。

"如果那个人告诉你暴风雨已经过去,你绝对会相信他的话。哪怕你正在被风吹雨打,你还是很可能会相信他的话的。"她说。

A.J. 打断了那番调情。"丹,"他说,"我还以为他们给你的妻子打电话了呢。"A.J. 可不会拐弯抹角。

丹尼尔清清嗓子。"她身体有点不舒服,所以我来了。你怎么样,老兄?"丹尼尔喜欢叫 A.J. "老兄",尽管事实上,丹尼尔比 A.J. 大五岁。

"我破了大财,医生说我快死了,不过除此之外,我状态奇佳。"镇静剂让他看问题别具慧眼。

"好极了。我们去喝一杯吧。"丹尼尔转向吉尔护士,在她耳畔低语了几句。丹尼尔把她那本书还给她时,A.J. 看到他写下了自己的电话号码。"来吧,你这主管葡萄园的大君!"丹尼尔说着朝门口走去。

尽管A.J.爱书，还拥有一家书店，但他不是特别喜欢作家。他觉得他们不修边幅、自恋、傻乎乎的，通常也不讨人喜欢。他尽量避免认识那些写了他很喜欢的书的作家，担心作家本人会破坏他对那些书的感觉。幸好，他不是很喜欢丹尼尔的书，就连他那本受欢迎的第一部长篇也不是很喜欢。至于丹尼尔其人呢？嗯，他一定程度上让A.J.感到开心。换句话说，丹尼尔·帕里什是A.J.最亲密的朋友之一。

"这要怪我自己。"第二杯啤酒下肚，A.J.说，"本来应该买保险的，本来应该放进保险柜的，本来不应该在喝酒时把它拿出来的。不管是谁偷的，我不能说自己完全没有过失。"镇静剂加上酒精，让A.J.放松下来，把他变得像位哲学家。丹尼尔拿起酒壶又给他倒了一杯。

"别那样了，A.J.，别自责了。"丹尼尔说。

"这对我就是当头棒喝啊，"A.J.说，"我绝对要少喝点酒了。"

"喝完这杯再说。"丹尼尔打趣道。他们碰了杯。一个女高中生走进酒吧，她穿着粗斜纹布毛边短裤，短得底边那里露出了一点屁股。丹尼尔朝她举起酒杯。"衣服不错！"那个女生对他竖起了中指。"你得戒酒了，我也不能再背着伊斯梅偷情了，"丹尼尔说。"可是紧接着我就看到了那样的短裤，我的决心遭遇严峻考验。今天晚上真可笑。那个护士！那条短裤！"

A.J.呷了口啤酒。"书写得怎么样？"

丹尼尔耸耸肩。"是一本书，就会有内页、有封面，就会有情节、人物、枝枝叶叶。它会反映出我多年来在创作上研究、推敲和实践的成果。尽管如此，它还是肯定不会像我在二十五岁时写的第一本书那样受欢迎。"

"倒霉蛋。"A.J.说。

"我挺有把握你会赢得本年度倒霉蛋大奖的，老兄。"

"我可真是走运啊。"

"坡是个差劲的作家，你知道吗？《帖木儿》是最差劲的，是模仿拜伦的无聊作品。如果它是那种还像样一点的第一版，还算好。你没了它应该感到高兴啊。反正我讨厌可以收藏的书。人们对某些故纸堆可真是如痴如醉的。重要的是思想，伙计。里面的字句。"丹尼尔·帕里什说。

A.J.喝完杯中酒。"这位先生，你是个白痴。"

调查持续了一个月，在艾丽丝岛警察局的时间观念里，那就像是一年。兰比亚斯和他那一组人在事发现场未能找到相关的实物证据。除了扔掉酒瓶、清理咖喱肉，罪犯显然还把自己留在那套住宅里的指纹全都抹掉了。调查人员询问了A.J.的雇员以及他在艾丽丝岛上为数不多的几位朋友和亲戚。这些面谈都没取得特别能将某人定罪的结果。也没有书本经销商和拍卖行报告有什么《帖木儿》出现在市场上（当然，拍卖行在这种事情上是出了名的低调），调查无果。那本书不见了，A.J.知道自己再也不会见到它了。

那个玻璃盒现在是没用了，A.J.拿不准该拿它怎么办。他没有别的珍本书。然而玻璃盒挺贵的，将近五百美元。他内心残留的乐观一面想去相信会遇到更好的东西，可以放进玻璃盒。购买时，人家告诉他也可以用来存放雪茄。

鉴于一时退休无望，A.J.就读样书、回邮件、接电话，甚至还写了一两张货架卡。夜里,书店打烊后,他又开始跑步。长跑中有很多难题,但是最大的难题之一,是把钥匙放在哪里。到最后,A.J. 决定不锁前门。照他估计,店里没有一样东西值得偷。

五、相关阅读推荐

[1] 加布瑞埃拉·泽文. 岛上书店[J]. 走向世界,2015(26):22.

[2] 加布瑞埃拉·泽文. 岛上书店[J]. 中国对外贸易,2015(06):88.

[3] 张竞艳. 读客十年,只练一门功夫[J]. 出版人,2016(03):26-28.

畅销书案例分析 4

《三体》

周宇楠

一、图书基本信息

（一）图书介绍

书名：三体

作者：刘慈欣

开本：32 开

定价：23.00 元

书号：ISBN 978-7-5366-9293-0

出版社：重庆出版社

出版时间：2008 年 1 月

（二）作者简介

刘慈欣，别名刘电工，大刘；山西阳泉人、高级工程师、科幻作家、中国作家协会会员、中国科普作家协会会员、山西省作家协会副主席、阳泉市作家协会副主席，被誉为"中国当代科幻第一人"。自20世纪90年代开始，他一边在山西省阳泉市的娘子关发电厂担任计算机工程师，一边利用业余时间出版了13本小说集，主要包括7部长篇小说、9部作品集、16篇中篇小说、18篇短篇小说，以及部分评论文章。其作品蝉联1999—2006年中国科幻小说银河奖、2010年获赵树理文学奖、2011年《当代》年度长篇小说五佳第三名、2011年华语科幻星云奖最佳长篇小说奖、2010年、2011年华语科幻星云奖最佳科幻作家奖、2012年人民文学柔石奖短篇小说金奖、2013年首届西湖类型文学奖金奖、第九届全国优秀儿童文学奖。代表作有长篇小说《超新星纪元》《球状闪电》《三体》三部曲等，中短篇小说《流浪地球》《乡村教师》《朝闻道》《全频带阻塞干扰》等。其中，《三体》三部曲被普遍认为是中国科幻文学的里程碑之作，将中国科幻推上了世界的高度。2015年2月，《三体》获得美国星云奖提名。2015年3月，接任腾讯移动游戏"想象力架构师"。2015年4月，作品《时间移民》获得"2014中国好书"奖项。2015年6月获2015腾讯书院文学奖"致敬小说家"。2015年8月23日，《三体》获第73届世界科幻大会颁发的雨果奖最佳长篇小说奖，这是亚洲人首次获得雨果奖，也是中国科幻走出国门走向世界的重要一步。2015年9月12日，刘慈欣获第26届科幻银河奖特别功勋奖。2015年10月18日晚，第六届全球华语科幻星云奖颁奖典礼在成都举行。刘慈欣凭借《三体》获得了组委会颁发的华语科幻文学最高成就奖，并被授予特级华语科幻星云勋章，该等级勋章只有获得国际最高科幻奖项雨果奖和星云奖的作家有资格获取。

二、畅销盛况

一个国家的科幻小说创作水平也能反映出这个国家的科技实力，2015

年因获雨果奖销量大幅攀升的国内科幻小说《三体》值得我们关注。刘慈欣的科幻小说"三体"三部曲又名"地球往事"三部曲，系列小说由《三体》《黑暗森林》《死神永生》三部组成。主要讲述了地球文明在宇宙中的兴衰历程，小说涉及历史、物理、天文学、社会学以及哲学多个方面。2014年底，小说第一部的英文版在美国上市，市场反响强烈，并于2015年获得美国科幻奇幻协会"星云奖"提名。2015年8月22日《三体》荣获第73届世界科幻大会颁发的雨果奖最佳长篇小说，这是亚洲人首次获得雨果奖，这使得《三体》一夜之间家喻户晓。

开卷对全国图书零售市场监控的数据让我们看到了畅销书《三体》的成长轨迹。2008年年初《三体》新书上市，随后在5月《三体Ⅱ：黑暗森林》上市，于当年暑假期间迎来第一个销售高峰。在随后的两年中小说销售情况相对平稳，但是这并不影响该书在科幻迷中的口碑流传。随着系列第三本《三体Ⅲ：死神永生》的上市，"三体"系列又迎来新的销售高峰。2014年《三体》在美国上市后，"三体"系列书知名度大大提升，该系列书的销量又逐渐增多。到了2015年上半年，该系列书的提名以及获奖原因使得其销量直线上升，甚至超过了以往6年该系列书的累积销量，该系列三部作品也因此全部登上2015年8月份开卷虚构类榜单。"三体"系列书的突然畅销与其获得"雨果奖"密不可分，这一奖项的获得肯定了国产科幻小说的价值，也给本土原创作家带来了新的希望。截至2016年3月，开卷2016年3月14日至3月20日畅销书排行榜虚构类Top10的榜单中，《三体》系类分别占据第二、第六和第八的位置。

《三体》第一卷英文版在海外发售后，很快亚马逊上的评级就达到了四星半。《纽约时报》称刘慈欣为"中国科幻第一人"；《华盛顿邮报》评价《三体》是"一部深奥的、充满创新战略思想的作品"；《纽约客》的科幻评论家称刘慈欣为"中国的阿瑟·克拉克爵士"。随着2016年《三体Ⅲ：

死神永生》英译版的即将发售,《经济学人》还专门刊登了一篇名为 "Cultural revolutions：Chinese sci-fi" 的文章，高度评价了《三体》是近十年中国科幻文学中的最高成就。在三体的英文官方网站上，有来自美国、加拿大、以色列等著名科幻小说作家的评论。中国教育图书进出口有限公司有关负责人表示，截至 2015 年年底，中国科幻小说《三体》系列第一部的英文版在全球销量已超过 11 万册，销售码洋逾 200 万美元，取得这一销售成绩，距离该书英文版的全球首发约 1 年零 2 个月时间。目前，这部英文小说被称为《三体问题》(中文名《三体》) 的实体书已有 5 个版本在国际市场上发行，此外还以有声书光盘、有声书下载版、电子书等多种形式发行。

三、畅销攻略

《三体》会成为一本畅销书，大概作者自己也是万万没想到的。的确《三体》这个充满了物理学前沿概念硬科幻着实不是当前大众阅读所欣赏的流行口味。这是一本很可能成为科幻经典，却在多方因素下不小心成为畅销书的"黑马"。为什么这样一本原本"小众"的书，猛然间出现在国人的眼前且在销书榜久居不下，我们将在下面简要分析其畅销攻略。

（一）内容元素及表现手法

撇去《三体》畅销书的事实不谈，就书的内容本身来说，这也是一本能够成为经典的优质小说。《三体》中所拥有的各类故事元素，人物以及情节的设置丝毫不逊色于欧美最经典的科幻小说，拥有吸引读者不由自主往下看的可贵特质。

《三体》中拥有绝对丰富且抓人眼球的故事元素。整个故事以探讨人类文明是否得以延续的问题为中心，将人类和三体人之间的冲突作为大主题，这本身就是一个极具深度的话题。在故事进展过程中，作者通过推进人类阵营和三体世界两条故事主线来引发最后的大冲突。在人类线中，穿插有"红色革命"、政治冲突、信仰冲突等各类矛盾推进故事的起承转合；而三体线中，则是以虚拟电子游戏的方式来介绍三体人200多个文明的兴起与毁灭，其中结合了中国古代历史元素。整个故事处处都是历史和科技结合的产物，加之作者在描写中穿插的象征等表现手法，使得这本书略显晦涩。但是，这种晦涩感在另一方面完美地衬托出作者扎实的科学基础，丰富的想象力以及恢宏壮丽的宇宙架构，使其具有一般科幻小说或者时下流行的其他类型的畅销书所不具备的深刻性和启发性。在一众无病呻吟的青春文学和猎奇、暴力或者性描写中，《三体》这样充满神秘色彩和丰富想象力的严肃科幻小说可谓是一阵春风、一股清流，让读者们眼前一亮。

丰富且优质的内容也许不是一本畅销书的必备条件，但却是一本书经得起读者检验的最重要因素。《三体》小说本身对复杂人性的探讨，对"恶"的反思，加之"革命""外星文明""政治冲突"等多个能够激起读者阅读兴趣点的元素，都是该小说之所以成为畅销书的重要"硬件"元素。在硬科幻作品中对社会伦理以及区域政治冲突的描写听起来似乎让文章更加晦涩难懂了，其实并不然。《三体》很好得把握了文学作品在描述专业知识的界限，并将所有元素巧妙地糅合在一起推进了故事情节的发展，这是其成为畅销书的硬性条件。

（二）图书营销方式

《三体》获得雨果奖，是《三体》小说大众读者了解三体的重要契机。很多人可能在《三体》获得雨果奖以后才了解到这本小说，实际上《三体》的第一卷早在2006年就在《科幻世界》上连载了。2008年1月《三体》的第一卷在重庆出版社出版，作为"中国科幻基石"丛书中的一员。2008年

5月《三体Ⅱ：黑暗森林》出版，2010年11月《三体Ⅲ：死神永生》出版。其英文版的第一卷在2014年11月由中国教育图书进出口有限公司与美国托尔（Tor）出版公司合作发行，第二卷于次年八月发行，第三卷预计在2016年4月出版。在2015年8月《三体》第一卷获得雨果奖最佳长篇小说之前，《三体》就在国内获得过许多文学奖项，例如2006年度和2010年度的中国科幻文学银河奖特别奖。但是，不可否认的是，《三体》在国际主流科幻界取得的成功是其在国内成为畅销书的主要原因之一。

首先是国际权威奖项带来的"获奖效应"。《三体》小说获得雨果奖是亚洲人第一次斩获国际权威科幻小说奖项，这个消息本身对于国人就是充满冲击力的。如同当年莫言斩获诺贝尔文学奖一样，就算平日中再不爱读书的人，处于自尊需要和社交需求也会买两本莫言的书回来，以表示对本土作家的支持。更何况《三体》作为科幻小说，就故事内容来说比起传统文学更能吸引普通读者。在领略了《三体》中宏伟的宇宙格局和眼花缭乱的物理学概念后，有不少原先非科幻小说迷的读者爱上了这部作品。可以说《三体》小说作为中国小众科幻圈子中的翘楚，其作品本身就具有畅销的品质，雨果奖则是它成功进入大众阅读范围的重要契机，正是这种"获奖效应"造就了《三体》的畅销热潮。

其次，与"获奖效应"相伴而来的是"名人效应"。《三体》自出版后就一直受到名人名家的追捧。例如著名媒体人梁文道曾高度评价《三体》，"最近一年我发现我身边很多朋友都在跟我提到一个很重要的中国科幻小说作家，大家都推荐这个科幻小说你一定要看，这就是我们这个礼拜要跟大家介绍的刘慈欣，还有他最著名的长篇小说三部曲，《三体》三部曲，或者准确地讲应该叫地球往事三部曲。刘慈欣被认为是当今中国科幻小说里面最重要的一个作家，最有分量的一个作者，他自己其实是山西的一个工程师，是个60后，其实早在20世纪80年代开始，他就已经开始写作科幻小说，被认为是跟韩松他们一起，是今天中国科幻小说新浪潮里的其中一个群体的代表人物。"科幻作家韩松曾评价《三体》为"一场人类智力的饕餮大宴。错过了会后悔一世"。除了文化圈名人的评价外，诸多互联网产业的大佬们对《三体》三体的推荐更能吸引普通读者在《三体》斩获国际大奖以后，各大主流媒体争相对其作者刘慈欣进行采访，并且把之前推荐过该书的各个互联网大佬，如雷军、李彦宏、柳传志、马化腾、周鸿祎和扎克伯格等人的新闻炒出来造声势。这种狂轰滥炸式的报道虽然简单粗暴，但确实是推动《三体》小说成为畅销书的重要助力。

同时，主流的网上书城，如当当、京东、亚马逊等对《三体》小说的线上推广同样功不可没。在《三体》获奖之后，当当迅速将其放上图书首页宣传，并且将刘慈欣的其他作品一同进行推广，其效率之高令人惊叹。也正是由于线上图书商城的卖力宣传，《三体》才得以畅销十余万册，同时也带动力相关科幻作品和科普读物的销售。

（三）IP开发推动"三体热"

自《三体》小说获得雨果奖进而在全国卷起科幻热潮和"三体热"以来，不少人意识到了《三体》小说作为一个IP所具有的丰富资源，也因此在极短的时间内，由《三体》系列小说衍生的同名电影、舞台剧、电视剧，甚至电子游戏将这股热潮不断推至顶峰。《三体》小说的电影改编权其实在2013年就被卖出，但是一直迟迟未动，直到2015年年初才开拍，这貌似是抱着观望的态度，等待2014年已经杀进星云奖的《三体》小说能在国际上累积更高的声誉和人气。2015年8月，《三体》小说斩获雨果奖之后，电影开始借势进行大肆宣传，陆续发布海报，人物定妆照和预告片等，该电影将在2016年7月上映。如同《北京遇上西雅图：不2情书》对《查令十字街84号》图书销售的带动一样，《三体》电影的上映又必将带来小说阅读的新浪潮。

除了电影改编之外,《三体》小说改编的同名舞台剧在 2015 年 6 月的上海正式与观众见面,这个日期先于电影上映时间,在一定程度上维持了《三体》小说的话题热度。这部《三体》多媒体舞台剧,是由 LotusLee 戏剧工作室联合《盗墓笔记》原班团队倾力打造的 3D 舞台剧,并结合高科技手段让观众在一场剧中同时感受过去、现在和未来的三重体验。据说,这个经历过《盗墓笔记》舞台剧三年 2 亿票房成绩洗礼后的"神奇团队",现在已经可以通过成熟的 3DMapping、全息成像等一系列多媒体技术,完全将真实、高端、大气的《三体》场景完整展示在各位《三体》迷的面前(原著还原度 85%)。该剧由刘慈欣亲自监制,确保了整个作品对于原著的继承和精神内核的延续,在保持原著原汁原味的同时,又给予舞台创作新的指导意见。Lotus tee 戏剧工作室计划联手国内高级时装街头潮牌 Reshake,重磅推出"三体"合作系列的服装。目前,双方已对外宣布共同对《三体》IP 的服饰类产品进行设计及开发,并且 Lotus Lee 戏剧工作室将会提供全套视觉元素以及相关技术支持,预计在《三体》舞台剧的上海首演时,会同步推出第一批合作款服装。舞台剧和潮牌服装的跨界合作是《三体》大 IP 开发的又一新创,也是营销战略上的一个重大突破。

由于《三体》小说本身内容的丰富性,可以开发的相关网游、电视剧手游等各类形式的衍生品同样十分丰富。这种 IP 产业链的不断挖掘和开发,对图书本身的销售起到了很大的推动作用,也是目前畅销书营销的常见方式之一。

四、精彩节选阅读

这天叶文洁值夜班,这是最孤寂的时刻,在静静的午夜,宇

❋ 畅销书案例分析 ❋

宙向它的聆听者展示着广漠的荒凉。叶文洁最不愿意看的，就是显示器上缓缓移动的那条曲线，那是红岸接收到的宇宙电波的波形，无意义的噪声。叶文洁感到这条无限长的曲线就是宇宙的抽象，一头连着无限的过去，一头连着无限的未来，中间只有无规律无生命的随机起伏，一个个高低错落的波峰就像一粒粒大小不等的沙子，整条曲线就像是所有沙粒排成的一维沙漠，荒凉、寂寥，长得更令人无法忍受。你可以沿着它向前或向后走无限远，但永远找不到归宿。

　　但今天，当叶文洁扫了一眼波形显示器后，发现有些异样。即使是专业人员，也很难仅凭肉眼看出波形是否携带信息，但叶文洁对宇宙噪声的波形太熟悉了，眼前移动的波形，似乎多了某种说不出来的东西，这条起伏的细线像是有了灵魂。她敢肯定，眼前的电波是智能调制的！叶文洁冲到另一台主机终端前，查看计算机对目前接受内容识别度的判断，发现识别度的AAAAA！在这之前，红岸接收到的宇宙电波，识别度从未超过C，如果达到A，波段包含智能信息的可能性就大于百分之九十；连续五个A是一个极端情况，它意味着接收到的信息使用的就是红岸发射信息的语言！叶文洁打开了红岸译解系统，这个软件能对识别度大于B的信息进行试译解。在整个红岸监听过程中，它从未被正式使用过。按软件试验运行中的情况，翻译一段智能编码可能需要几天甚至几个月的运算时间，出来的结果多半还是译解失败。但这次，原始文件刚刚提交，几乎没有时间间隔，屏幕上就显示译解完成。叶文洁打开结果文件，人类第一次读到了来自宇宙中另一个世界的信息，其内容出乎所有人的想象，它是三条重复的警告：

　　不要回答！

不要回答！！

不要回答！！！

在令她头晕目眩的激动和迷惑中，叶文洁接着译解了第二段信息：

这个世界受到了你们的信息。

我是这个世界的一个和平主义者，我首先收到信息是你们文明的幸运，警告你们：不要回答！不要回答！！不要回答！！！

你们的方向上有千万颗恒星，只要不回答，这个世界就无法定位发射源。

如果回答，发射源将被定位，你们的行星将遭到入侵，你们的世界将被占领！

不要回答！不要回答！！不要回答！！！

看着显示屏上闪动的绿色字迹，叶文洁已经无法冷静思考，她被那激动和震撼抑制了智力只能理解一下事实：现在距离她上次向太阳发送信息不到九年，那么这些信息的发射源距地球只有四光年左右，它只能来自据我们最近的恒星系：半人马座三星！

宇宙不荒凉，宇宙不空旷，宇宙充满生机！人类将目光投向宇宙的尽头，但哪里想到，在距他们最近的恒星中，就存在智慧生命！

叶文洁看看波形显示，信息仍源源不断地从太空中涌进红岸天线，她打开另一个接口，启动了实时译解，接收到的信息被立刻显示出来。在以后的四个多小时中，叶文洁知道了三体世界的存在，知道了那个一次次浴火重生的文明，也知道了他们星际移民的企图。

凌晨四点多，来自半人马座的信息结束了，译解系统开始无结果的运行,不断地发出失败信息,红岸监听系统所听到的,又是宇宙荒凉的噪声。

但叶文洁可以确定,刚才的一切不是梦。

太阳确实是一个超级天线,但八年前那次实验中为什么没有收到回波,为什么木星的辐射波形与后来的太阳辐射对不上?叶文洁后来想出了许多原因,基地的电台可能根本不能接受那个频段的电波,或者收到后只是一团噪音,就认为是什么都没有收到。至于后者,很可能是因为太阳在放大电波的同时,还叠加了一个波形。这个波形是有规律的,在外星文明的译解系统中很容易被剔除,但在她的肉眼看来,木星和太阳的辐射波形就大不相同了。这一点后来得到了证实,叠加的是一个正弦波。

她警觉地四下看看,主机房中值班的还有三人,其中两人在一个角落聊天,一人在终端前打瞌睡,而监听系统的信息处理部分,能够查看接受内容识别度和访问译解系统的终端只有她面前的这两台。她不动声色的迅速操作,将已经接收到的信息全部转存到了一个多重加密的隐形子目录中,用一年前接收到的一段噪声代替了这五个小时的内容。

然后,她从终端上将一段简短的信息输入了红岸发射系统的缓存区。

叶文洁起身走出了监听主控室的大门,一阵冷风吹到她滚烫的脸上,东方晨曦初露,她沿着晨光微微照亮的石子路,向发射主控室走去,在她的上方,红岸天线的巨掌无声地向宇宙张开着。晨曦照出了门口哨兵那黑色的剪影,像往常一样,叶文洁进门时他没有理会。发射主控室比监听主控室要暗许多,叶文洁穿过一排排机柜,径直走向控制台,熟练地扳动十几个开关,启动了发射系统的预热。坐在控制台旁边的两名值班员抬起头用困乏的眼睛看了看她，其中一人又扭头看了看墙上的钟表，然后一人继续打瞌睡，另一人则翻看着可能已看了许多遍的报纸。在基地里，叶文洁在政治上自然没有任何地位，但在技术上有一定的自由，她常常在发射前检查设备，虽然今天太早了些，距发射操作还有三个小时，但提前预热也是不奇怪的。

漫长的半个小时过去了，叶文洁在这期间重设了发射频率，将其置于太阳能量镜面反射的最优值上，将发射功率设为最大值，然后，她将双眼凑近光学定位系统的目镜，看到太阳正在升出地平线。她启动了天线定位系统，缓缓转动方向杆使其对准太阳。巨型天线转动时产生的隆隆震动传进主控室，有一名值班员又看了叶文洁一眼，但也没说什么。

太阳完全升出了天边连绵的山脊，红岸天线定位器的十字丝的中心对在它的上缘，这是考虑了电波运行的提前量，发射系统已处于就绪状态。发射按钮呈长方形，很像电脑键盘上的空格键，但是红色的。这是，叶文洁的手指悬在它上面两厘米处。

人类文明的命运，就系于这纤细的两指之上。

毫不犹豫地，叶文洁按下了发射键。

"干什么？"一名值班员带着睡意问。

叶文洁冲他笑了笑，没有说话，随即按下另一个黄键中止了发射，又转动方向杆改变了天线的指向，然后离开控制台向外走去。

那个值班员看看表，也该下班了，他拿起日志，想把叶文洁刚才启动发射系统的操作记下来，这多少有些异常，但他看看一条记录纸带，发现她只将发射系统启动了不到三秒钟，于是将日志扔回原位，打了个哈欠，带上军帽走了。正在飞向太阳的信息是：

到这里来吧，我将帮助你们获得这个世界，我的文明已无力解决自己的问题，需要你们的力量来介入。

初升的太阳使叶文洁头晕目眩，出门后没有走出多远，她就晕倒在草地上。

醒来后，她发现自己躺在医务室中，杨卫宁在床边关切地看着她，想多年前在飞机上那样。医生让叶文洁以后注意休息，因为她怀孕了。

五、相关阅读推荐

[1] 黄帅. 后发国家科幻小说现代性症候之魅——以《三体》为中心的考察[J]. 合肥学院学报(社会科学版),2014(05).

[2] 江晓原,刘兵. 碾碎中国科幻小说的《三体》系列[J]. 中国图书评论,2011(02).

[3] 屈菲. 从黑暗森林到生活世界——论《三体》系列小说中的话语意识[J]. 文艺争鸣,2015(09).

[4] 郑文斌. 科幻小说《三体》中的"弥赛亚"情结解读[J]. 西南科技大学学报(哲学社会科学版),2015(05).

[5] 高志立. 刘慈欣科幻小说研究[D]. 延吉:延边大学,2014.

[6] 王瑶. 我依然想写出能让自己激动的科幻小说——作家刘慈欣访谈录[J]. 文艺研究,2015(12).

[7] 薛宸哲,叶向远. 浅析小说《三体》中的猜疑链与文明相互理解问题[J]. 湖北函授大学学报,2015(24).

[8] 刘媛. 科学思维与人文思考的张力——评刘慈欣《三体》三部曲[J]. 中国现代文学研究丛刊,2016(01).

[9] 徐皞亮.科幻小说《三体》跨文化传播分析[J].新闻前哨,2016(02).

[10] 霍伟岸.《三体》中的政治哲学[J].读书,2016(03).

[11] 纳杨.从刘慈欣"地球往事"三部曲谈当代科幻小说的现实意义[J].当代文坛,2012(05).

[12] 唐犇.不能错过的中国科幻小说——《三体》[J].科学24小时,2013(01).

[13] 刘晶.从"人类中心"到"宇宙伦理"——从生态批评视阈解读刘慈欣"三体"系列小说[J].山花,2013(20).

[14] 李可.从斯坦纳阐释学视角探讨译者的主体性——以科幻小说《三体》翻译为例[J].考试周刊,2015(42).

[15] 陈方齐.从《三体》看我国的科幻小说发展史[J].青年文学家,2016(02).

[16] 刘钊.赛博女性主义视野下的科幻小说《三体》创作[J].佳木斯教育学院学报,2013(02).

[17] 韩骏.以《三体》为例谈中国科幻小说发展的困境[J].中华文化论坛,2013(10).

[18] 李淼.《<三体>中的物理学》[M].成都:四川科学技术出版社,2015.

畅销书案例分析 5

《乖，摸摸头》

范思齐

一、图书基本信息

（一）图书介绍

书名：乖，摸摸头

作者：大冰

开本：32 开

字数：306 千字

定价：36.00 元

书号：ISBN 978-7-5404-6879-8

出版社：湖南文艺出版社

出版时间：2014 年 10 月

（二）作者简介

大冰，本名焉冰，1980 年生人，作家、山东卫视首席主持人、某高校导师、民谣歌手、老背包客、不敬业的酒吧掌柜、油画科班、手鼓艺人、业余皮匠、业余银匠、业余诗人、资深西藏拉漂、资深丽江混混、黄金左脸、禅宗临济弟子。

大冰毕业于山东艺术学院戏剧系。他在山东电视系统做过美工、剧务、摄像、执行导演，历时4年磨炼，才开始了真正的主持生涯。2002年起，他成为山东卫视《阳光快车道》的主持人；2009年主持《不亦乐乎》。他曾作为嘉宾主持《挑战吉尼斯中国夜》；2011年主持《惊喜！惊喜！》；2011年10月21日开始了《歌声传奇》第一期的录制；2013年9月1日，大冰的第一本书《他们最幸福》出版；2014年6月19日下午，大冰主持《后会无期》上海发布会；2014年9月1日，大冰的新书《乖，摸摸头》出版。

他是个孩子气的老男孩。

他会自费摆流水席请读者吃饭，会自费包场请读者看电影，会在签名时动不动就给读者签"酒吧免单"，会背着吉突然间出现在某一个城市的某一个读者身边，请他吃一顿烛光晚餐。

他是作家，继超级畅销书《他们最幸福》之后，再度重磅推出新作《乖，摸摸头》。和以往一样，不虚构、不矫情，只是把多年积淀的故事娓娓道来，文字朴素直白，罕见的真实。

在第一本书《他们最幸福》热卖后，他用稿费当路费，一人、一琴、一本书，玩了一场"百城百校畅聊会"。"畅聊会"从东北到台北，历时半年，纵贯中国，百余所高校场场爆满。

他说："不要门票，我只需要一只麦克风和一平方米的舞台即可，没抢到座位的朋友，请爬到舞台上来盘腿坐到我身旁，咱们挤一挤。"

他时而很疯，时而很温柔，他读每一条微博留言，然后回复四个字：乖，摸摸头。

二、畅销盛况

《乖，摸摸头》的成功出版，使作者大冰被冠以"百万销量作家"的称号，自上市之后在各大网站都取得了销售第一的成绩，12天就卖了10万多册。此书出版后，销量成功突破百万册，横扫当当、亚马逊、京东榜单，连续几周位居榜首，甚至在当当网上我们可以看到，为庆祝《乖，摸摸头》已经成功突破200万册，进行了促销热卖活动。在出版近一年之后此书还能获得如此傲人成绩，其畅销程度令人瞠目。在2014年青岛新华出版社公布的畅销书排行榜中，《乖，摸摸头》高居榜首。

大冰的第一本跨界出版《他们最幸福》使他成为当之无愧的畅销书作家。这第二本书记录了他十余年的江湖历程，以及他和朋友们之间的爱与温暖。此书一经推出就受到读者的喜爱，不仅位居青岛新华书店2014年度畅销书排行榜榜首，而且还名列亚马逊图书销售排行榜第三名。《乖，摸摸头》入选"第六届中国图书势力榜年度十大好书"。

三、畅销攻略

（一）大冰的这碗酒，确实可以慰风尘——明星作者效应

名人和明星效应是出书很重要的一个指标和风向标。从下页的明星作家榜可以看出，名人和明星在从图书出版领域所占比例不小，而且根据自身的效应所获得的稿酬从110万至1300万不等。

明星出书本来就不难，想做出一本畅销书也不算难。作为一本横空出世的畅销书作家，大冰是个传奇。当下的文学圈，没有人能比他更能跨界、

身份更多元，他的多重身份有民谣歌手、酒吧老板、手鼓艺人、禅宗弟子……大冰不喜欢被人贴标签，但他确实拥有被众多当下的文艺青年们所羡慕的要素。正如他的身份所显示的那样，背着吉他唱着歌，打着手鼓画着画，皈依禅宗，背着包四处云游，在西藏当过拉漂，在丽江开过酒吧，尝试了一切自己感兴趣的身份和职业，最重要的是他从未放弃自己的本职工作。他的生活经历正像一句话所说："这世界有另外一种人，他们的生活模式与朝九晚五格格不入，却也活得有血有肉、有模有样。这个世界上还有另外一种人，他们既可以朝九晚五，又可以浪迹天涯，比如大冰。"

　　大冰的这种与众不同的经历让众多的文艺青年们趋之若鹜，这种感觉就像是有人替你实现了一个你做的梦。这种在实际生活里难以企及的梦，只能靠在书里找共鸣，大冰的书也恰好提供了这个机会。大冰书里的那些人、所描绘的生活，你可能与他们永远没有交集。而关于他们的故事，都"与风花雪月无关，与鸡汤小清新无关，有的是无畏的奋斗和孤身的寻找，有的是疯狂的爱情和极致的浪漫"。

　　佳句迎合了人们的碎片化阅读，他们的书就成了一种寄托，所以也就舍得买他们的书。这种具有明星化特质的作者，本身就拥有固定的粉丝群，依托粉丝所策划的一系列图书都有可保证销量的前提，与其他书籍的作者相比，明星作者的起点更高。一本书里描绘的桃花源，一个嚣张、潇洒的作者，他一点没变，当你要和他谈世俗时，他和你谈情怀；当你要和他谈情怀时，他和你谈世俗。但确实，他太吸引读者了，他活出了大多数人想要的样子，他的酒确实可以慰风尘。

　　书里的人，有赤子心，有侠客魂，喝一口酒慰风尘，过得轰轰烈烈，情真意切。

（二）大冰有故事，你有酒吗？——直击读者心灵的选题策划

喧嚣的都市生活，带给人们的是精神孤寂；激烈竞争的社会，需要心灵的温暖。他们选取的故事，释放的能量都是正能量。《乖，摸摸头》里选取的故事，有的是无畏的奋斗和孤身的寻找，有的是疯狂的爱情和极致的浪漫，有的是你我不曾尝试却跃跃欲试的叛逆生活，这些都是作者自己和他的朋友们的真实故事。这些故事所散发的能量，是在对当下价值观有形无声的生活抗议中，给心怀希望的人们以温暖和光芒。我们都渴望简单、率性、自由地生活，都有一颗诗意而浪漫的心。"乖"，是一种姿态，一种心态，一种慰藉，一种最好的善意，我们每一个人都需要被"摸摸头"，我们也都需要摸一摸他人的头。

不是只有大冰一个人端过这碗鸡汤，为什么他的书就火了？只因他的故事太真实了，我们生活里不可能都是完美的结局，更多的时候是没有结局。就比如兜兜和大树的爱情，他们确实相爱，大树确实倾尽所有陪兜兜走过人生最后的时刻，可是日子还是要过，大树还是会为生活奔波着，为现实所窘迫。我们希望的那些爱情纵然美好，但太遥远。在现实里，我们都要生活，为了家庭，为了自己，没有结局便是现实生活里最好的结局。艺术源于生活，创作更是，那些不加修饰的故事才最直击读者的心灵，因为书外的我们也有相似的经历。我们需要一本书和我们交流，这个世界上不是只有孤独和承担，还有好多温暖陪伴，大冰这本书的策划赢就赢在了真实。

（三）一个叫木头，一个叫马尾——清晰的图书受众群体

大冰的读者群体无非有三类：青少年群体，他们新鲜活泼，他们渴望

了解这个世界；大学生和研究生群体，他们迷茫纠结，他们需要用文字来探寻未来的出路；还有已经步入社会的职业群体，他们生活压力大、工作压力大、人际关系压力更大。

可以想象，他去高校演讲时，说起这些人、这些事的时候，下面的听众眼神发亮的样子。然后，当年轻人因为向往他的生活而蠢蠢欲动时，他又会制止他们：我不赞成说走就走的旅行，我提倡的生活是既可以朝九晚五，又可浪迹天涯。他像是一个人生导师，对自己的生活提出了一个理论框架，所有不服来辩的人，必须先走进他的框架下才能和他对话；然后，他再用早已演练过千万遍的逻辑打倒你。多元跨界的身份，给了大冰看待世界的不同角度。恐怕目前很少有人比他的身份更多元，也少有人比他的人生更多元，少有人比他的故事更丰富。正因为如此，在他的著作中，往往也就能够产生不少富有"哲理"的佳句，如《乖，摸摸头》中的"每个人都需要一个陌生的倾听者""你我逦逦人世间，每个人都需要被善意地摸摸头""走得再远也不要忘记回家的路"。

（四）以梦为马，温暖我们不安的心——别具匠心的书名和视觉冲击的封面设计，书名是至关重要的表象符号

好的书名，不仅能够准确地概括整本书的内容，而且清晰易懂，新颖独特。《乖，摸摸头》的书名设计就颇具深意，读起来，一种发自内心的温暖感便会油然而生，它是对整体12篇感情故事的概括。同样地，《乖，摸摸头》既是"摸了摸"读者的头，也是"摸了摸"故事主人公们的头，意味深长。

图书与读者见面，第一个回合就在封面。这本书的封面以图片为主体，是一个闭眼朝拜的藏族小姑娘。她眼睛紧闭，神色平静凝重，似乎在与天交流，与地沟通。小姑娘朴实无华，但带给读者的是一种安心和温暖。

在封面幅图片的选择上，作者大冰也有自己的坚持。封面上的藏族小女孩常年在布达拉宫朝拜，从不与人交谈。他曾尝试与小姑娘聊天，但她只用平静的目光看着他，沉默不语。小姑娘的额头上因为长年累月的朝拜，有一层厚厚的角质层，像是长出了一个小小的角。后来，有一天这个小姑娘突然消失了，再也没有出现过。这张偶然由大冰朋友拍摄的照片被贴在布达拉宫前的照片墙上，受到了很多人的朝拜。

这张图片也传达给读者了一个信息。和封面一样，这本书中的每一个故事，每一张照片都充满了传奇色彩。封面的整个颜色以蓝色为点缀，封面和其他文字信息的铺设十分简单，在封面的最上面，写着本书最动人心弦的一句："不要那么孤独，请相信，这个世界上真的有人在过你想要的生活，愿你我带着最微薄的行李和最丰盛的自己在世间流浪"。这句话轻而浅，但放在封面上，它所散发出来的力量不言而喻。相信读者都感觉得到，这是一本与心灵交汇，与灵魂约会的书。12个故事不多不少，没有理由也没有人会去拒绝这种真诚的邀约。这种封面设计本来为书而生，但它的魅力似乎可以与书的内容相媲美。

封面和书名经过创意展现能够引起读者的共鸣，产生出简朴、华丽、高雅等不同的审美情趣。读者在书店看到一本书后，大都会快速翻阅一遍。读者对出版物的第一印象非常重要，大多数读者在看到书的头几秒就会考虑这本书是否适合自己，是否需要购买。所谓好的封面和书名也是如此。封面的设计应该繁而不乱、简而不空、有主有次，最重要的是要能直击读者心灵深处。

（五）摸摸头还不够，还有"么么哒"——系列图书的品牌塑造

在品牌营销的理论中，系列图书的品牌打造无疑是不可忽视的重要因

素。系列图书在成功出版后就变成了品牌符号，而品牌符号本身是区别产品或服务的基本手段，它所构成的品牌识别元素能够形成一个有机的结构，从而对消费者施加影响。在英文品牌营销中，流行的一个词叫 story，直译成中文就是"故事"。其实，品牌也是在讲故事，因为我们都爱听故事。消费者之所以喜欢听故事，是因为品牌与消费者沟通的这种方式，使双方不再是陌生人，更像是倾听者和诉说者。大冰的两本故事都讲好了，也讲到读者心里去了，他的品牌自然也就形成了。

在大冰的《乖，摸摸头》之后，2015 年 6 月湖南文艺出版社火速推出了《阿弥陀佛么么哒》。这本书在预售期就横扫各大榜单，上市三个月，竟然取得了销售 80 万册的惊人成绩。这也验证了系列图书品牌化的重要作用。两本书都以 12 个小故事组成，都是作者大冰亲历，其中不乏温情的、悲伤的、甚至是令人遗憾的故事。所以，把《阿弥陀佛么么哒》说成是《乖，摸摸头》的续篇也不为过，都是大冰讲着他没讲完的故事。12 个故事不算长，读者无论先阅读了哪一本，只要被文字和内容打动，都会自然而然地去购买另一本。两本书形成了系列图书的品牌效应后，销量自然不在话下。

（六）一人一琴一本书，走遍天涯去看你——亲切却精彩的营销策划

对于读者来说，看惯了出版社为了推销书籍使出浑身解数的宣传、讲座、海报、赠送礼品等手段，这些已经难在众多的图书宣传中脱颖而出。《乖，摸摸头》的宣传确实有值得令人借鉴独到之处。

1. 买书送作者

图书的宣传语中写道："我是个孩子气的老男孩，也是个写故事的人，既然大家爱看我写的故事，那干脆我们一起来制造一个故事好了：如果你

读完了我的书，请在微博上@我，不论你躲在这个世界的哪个角落，只要抽中你，我会背起吉他去送你一顿烛光晚餐。不论山崩海啸，也不论你在天涯海角，我必赴约。也许无趣的不是这个世界，而是你我还没找到有趣的活法。谢谢你们乐意陪我一起疯。"这段宣传语成功打动了无数的文艺少年，他们梦里的那个故事，他们梦里讲故事的那个人都近在眼前，如此真实的故事怎会有人拒绝？这种独特新颖的宣传手法，拉近了作者与读者的距离。作者不再是遥远的创作者，而摇身一变成为了读者最亲密的朋友，读者愿意倾听，也就更愿意购买了。

2.《乖，摸摸头》的百城百校畅聊会2.0

上一轮的"百城百校畅聊会"曾横贯中国，从东北到台北，历时半年，参与者达数十万人之多。大冰每一场演讲的内容都不尽相同，但有一句话不变："不要那么孤独，请你相信，这个世界上真的有人在过着你想要的生活。现在第二轮百城百校长聊会即将启程，咱们继续聊书，聊生活的美学，聊理想和爱情，聊人世间美好的东西，以及实现愿望的路径和可能性。还是那句话"我'赔稿费我乐意，一人、一琴、一本书，走遍天涯去看你'。我只需要一只麦克风和一平方米的舞台，没抢到座位的朋友，请爬到舞台上来盘腿坐到我身旁，咱们挤一挤。"大冰的百校畅聊会还邀请了他书里的人物，他们几乎都抱着吉他唱民谣，宣传费用投入不大，但却为图书的销售带来了巨大的效应。此书的宣传策略既做到了情怀和名利兼顾。

综上所述，《乖，摸摸头》以其亲切而又不失创意的营销手段成为了2014—2015年非虚构类图书榜单上的一匹黑马。这本书也向出版行业的从业人员提供了借鉴：不是花钱多的营销才是好营销，符合读者对于这本书定位的营销才是好营销。当然，这本书的成功源于准确地把握了市场需求的真实变化，精确地定位了读者群体。

四、精彩节选阅读

我有一碗酒，可以慰风尘

我写这篇文章并未征得老兵的同意，我也做好了被他扔下河的准备。

无他，在这个不懂得反思的时代，有些故事应该被后人知晓。

不奢望铭记，知晓即可。

有庙堂正史，亦应有民间修史，何为史？末学浅见，五个字：真实的故事。

是对是错，是正是反，百年后世人自有分晓，但无论如何，请别让它湮没，那些鲜活和真实的细节，有权利被人知晓。

写就写了。

我等着老兵来把我扔下河。

我有一碗酒，可以慰风尘。

我还有一个比烈酒还烈的故事。

今天盛满，端给你喝。

老兵打架，爱用灭火器。

油锤灌顶的招式他是不使的，灭火器十几斤重，几类李元霸的大锤，砸到肩膀上必须是粉碎性骨折，砸到脑袋上指定出人命。

老兵不是马加爵，他不抡，只喷。

臭鼬厉害吧，没干粉灭火器厉害，拇指轻轻一扣压，砰的一声，白龙张牙舞爪地奔腾而出，对手立马被扑成了一个雪人，眼泪鼻涕一把一把的。

畅销书案例分析

老兵喷完一下后，倒退两步扎好马步，等着对方咳嗽，对方只要一咳嗽，立马又是一通喷，对着脸喷，粉尘瞬间堰塞住舌头，呛得人满地打滚儿。

挨喷的人连呕带吐，连告饶的工夫都没有，白色的口水拖得有半尺长，咯吱咯吱地牙碜。

老兵一边喷一边斩钉截铁地喊：让你再借酒装疯，爆你的菊！

干粉弥漫了半条街，烽烟滚滚，他威风凛凛立在其中，中国版的"终结者"。

我站在一旁暗暗称奇，爆菊居然爆到脸上来了。

老兵是开火塘卖烧烤的，专注消夜整十年，专做酒鬼生意。

店名"老兵烧烤"，一度被《孤独星球》杂志列为环球旅行之中国云南丽江站最值得体验的十个地点之一。

他们家的炭烤鸡翅、锡纸培根白菜名气很大，但大不过他们家的青梅酒、玛卡酒和樱桃酒。半人多高的大酒瓮有十几个，最香莫过酒气，封盖一开，酒气顶得人一跟头一跟头的，顶得人舌头发酸、口内生津。

管你是不是好酒，都忍不住想来点儿尝尝。

他们家没酒杯，一水儿的大号军用搪瓷缸子，二两酒倒进去不过是个缸子底儿，根本不好意思端起来和人碰杯，于是大部分客人站着进来，打着醉拳出去，小部分客人空着肚子进来，空着肚子回去。

没办法，夜风一吹，酒意作祟，一手撑墙一手攥拳，腰自觉地一弯，嘴自觉地瞄准脚下的水沟，喉咙里像有只小手自己在拧开关，满肚子的烧烤连汤带水地倾泻而出，不倒空了不算完。

酒是话媒人。

每晚来消费的客人大多已在酒吧喝过一两场,大多大着舌头而来,坐到火塘里被热烘烘的炭火一烤,酒意上头上脸,再木讷的人也难免话多。

烧烤店的午夜浮世绘有意思得很,四处嗡嗡一片,有人逼账,有人借钱,有人打酒官司,卡着对方的脖颈子灌酒,有人秀真诚,攥紧别人的手掏心窝子,有人觍着脸聊姑娘,仗着酒意觉得自己英俊非凡,有人不停地拍马屁,对方随便说一句冷笑话也哈哈大笑,夸张地龇出十二颗门牙,颗颗都泛着谄媚的光。

话多了,是非自然也多。

夜店、酒鬼、炭火熊熊,难免起摩擦。争端日日有,由面子问题引发的占三成,一言不合丢酒瓶子是小事,闹得凶的直接肉搏混战,酒精上脑,下手没轻重,常有人被揍晕在桌子底下。

人真奇怪,在自己的城市谨小慎微,来到古城后各种天性解放,喝大了个个觉得自己是武林高手,人越多越爱抖威风。想想也可怜,几十岁的人了,抖的哪里是威风,找存在感而已。

很多架哪里是为了自己打的,大多是打给别人看的。

寻常推推搡搡的小架,老兵是不理会的,你吵你的,他忙他的。

他操着大铁铲子伺候炭火,间或端起温在炭火旁的白酒遥敬一下相熟的客人,只当那些起小摩擦的人是群在过家家吵架架的小孩子。

一般的中度摩擦,他也不怎么理会,自有老板娘拉措出马。

拉措是泸沽湖畔长大的摩梭女子,模样比杨二车娜姆漂亮,性格比杨二车娜姆还要锋锐,嗓门又高又亮,力气也大,一个人可以拎着两个煤气罐健步如飞。

拉措像个楔子，硬生生地往拳来腿往的人堆里扎，她两臂一振，白鹤亮翅，两旁的大老爷们一趔趄。拉措的手指头敢指到人的鼻子上，她劈头盖脸地骂：你们都是多大的人啦！吃饭就好好吃，打什么架！你妈妈教你吃饭的时候打架吗？！

她挑着细长的丹凤眼挨个儿人地瞪着看，成人之间的斗殴被她一句话骂成了小朋友间的胡打乱闹。

拉措一发威，酒鬼变乌龟，没几个人敢再造次，大都讪讪地转身坐下，偶尔有两个抹不开面子的人刹不住车，嘴里骂骂咧咧，音量却并不敢放大。

金波、狂药、般若汤，古人称酒为狂药是有道理的，醉酒的人大多易狂。

伦理道德是群体中建筑起来的，环境条件不同，尺度和底线不同。人性是需要约束的，而酒是解开这种约束的钥匙之一。

午夜的烧烤店酒气四溢，"钥匙"晃荡在每一只酒杯里，故而道德尺度的弹性尤为明显。

一把钥匙开一层锁，一杯酒火上浇油增三分狂意。

有一些人狂得蛮天真，醺醺然间，把自己的社会属性和重要性无限放大，总以为自己的能量可以从自己的一亩三分地穿越大半个中国辐射到滇西北，故而不畏惧和旁人的摩擦升级。他们大着舌头，各种好勇斗狠，各种六亲不认，开了碴口的啤酒瓶子乱挥瞎舞，谁拦都不好使。

这种时候，就轮到老兵出场了。

电线杆子上的"老军医"专治各种疑难杂症，火塘烧烤店里的老兵专治各种不服、各种混不吝。

他咂着嘴踱过去,钳子一样的大手专擒人手腕,擒住了就往门外扔,不管挣扎得多厉害,手腕一被锁,皆难逃老兵的毒手。也没见老兵身手有多敏捷,但对方的拳头就是落不到他身上,他腰微微一晃,不论是掏心拳还是撩阴脚全都擦身而过。

部分被扔出门的人大马趴摔在青石板上,贴得和烙饼一样,哎哟哎哟哼唧半天,才一节一节地撑起身体,旁边早蹲下了拿着计算器的烧烤店小弟,笑眯眯地说:"结了账再走吧,赖账不好。"

又说:"您还有东西没吃完,要不要打包?浪费食物不好……"

还有一部分人士越挫越勇,爬起来又往门里冲……然后再度拥抱大地,屁股上清清楚楚烙着一个鞋印。

怎么说也是一百五六十斤的人,怎么就被这么个瘦巴巴的小老头儿给打了个颜面扫地呢?更丢人的是,人家一拳都没出,这也不算打架啊。

他们都蛮委屈,揉着屁股,噙着泪花蹒跚离去。

能享受干粉灭火器待遇的人士是极少数,老兵只对一类人使此狠招。

这类人有个共性,嘴欠,从地上爬起来后大多喜欢堵着门放狠话,南腔北调,九省乡谈:你知道我是谁吗?!你知道我认识那个谁谁谁吗?!工商、税务、消防、公安……总有一样能拿得住你吧!妈的,明天就封了你的店!

再不然就是打电话叫人,张嘴就是:给我带多少多少人过来,我就不信治不了他!

还真治不了,不管多么气势汹汹,统统折戟于老兵的干粉灭火器之下。

一堆涕泪横流的雪人连滚带爬地逃,临走还不忘撂狠话:老兵你给我等着……我弄死你!

老兵火塘和大冰的小屋打对门,我有时蹲在门口看看,真心悲悯那些雪人,有时候实在忍不住就插话。

我说:你还真弄不死他……

我还真不是个爱挑事的人,妈妈从小教育我要实话实说,我说的是实话,真的,就你们这点儿道行还真弄不死他。

AK47都没弄死他,美式M79式40毫米榴弹发射器都没弄死他。

苏制14.5毫米高射机枪都没弄死他。

地雷和诡雷都没弄死他。

他的一只耳朵、一块头盖骨都留在了中南半岛的热带丛林里。

老兵曾是侦察营营长,历经枪林弹雨,是从死人堆里爬出来的老兵。

20世纪80年代初的国境线上,他是战斗英雄。

五、相关阅读推荐

[1] 孙鲁燕. 浅谈畅销书的策划与营销[J]. 中国出版,2006(1).

[2] 沈世婧. 大冰:给这个世界的善意[J]. 出版人,2014(12).

[3] 纪庆芳. 畅销书营销新模式探析[J]. 出版发行研究,2013(3).

[4] 默默. 大冰的身份标签[J]. 人生与伴侣,2016(02).

畅销书案例分析 6

《白夜行》

王姚冰

一、图书基本信息

（一）图书介绍

书名：白夜行

作者：东野圭吾

开本：32 开

字数：350 千字

定价：39.5 元

书号：ISBN 978-7-5442-5860-9

出版社：南海出版公司

出版时间：2008 年 9 月

（二）作者简介

东野圭吾，日本著名作家，擅长写推理小说。他出生于 1958 年 2 月 4

日，日本大阪人。他在大阪府立大学学习期间，学习电气工学专业，毕业后在一家汽车零件供应商，担任其生产技术工程师，期间开始创作推理小说。后凭靠《放学后》于 1985 年荣获第 31 回江户川乱步奖，此后成为职业推理小说家。他早期作品的推理风格大多精致巧妙、循规蹈矩，后期笔锋愈发成熟老练，文字鲜加精细勾勒，情节跌宕诡异、叙事简练、故事架构之复杂几乎达到叹为观止的地步。东野圭吾擅长从一个非常不合理的地方穿插出一个非常合理的故事情节，手法之精妙令人啧啧称奇，其水平也逐渐超越了其他传统推理小说。

东野圭吾于 1999 年凭借《秘密》荣获第 52 届日本推理作家协会奖，2006 年凭借《嫌疑人 X 的献身》获第 134 届直木奖、第 6 届本格推理小说大奖。他的其他代表作还有《单恋》《信》《幻夜》《嫌疑人 X 的献身》等，这些都入围了直木奖。

二、畅销盛况

《白夜行》被认为是东野圭吾出道以来最经典的图书，是许多他的书迷们心中的无冕之王，入围第 122 届直木奖，荣获了周刊文春"推理小说年度 best10"第一名，"本格推理小说年度 best10"第二名。《白夜行》将没有希望却坚定不移的悲凉爱情和执拗而周密的理智推理完美地结合在一起。这本书发行之后影响巨大，被称为东野笔下"最绝望的念想、最悲恸的守望"，而这本小说也使得东野成为"天王级"的推理小说家。《白夜行》在 2006 年被改编成同名日剧，由绫濑遥、山田孝之主演；2009 年在韩国被改编成同名电影，由高修、孙艺珍主演；这些都与小说一起为东野圭吾带来了无数好评，使他成为中日韩等地最受欢迎的作家之一。

《白夜行》在日本亚马逊、三省堂、纪伊国屋热销排名第一，在韩国阿拉丁、YES24、教保文库畅销排行第一名，中国推理小说畅销书榜上持续15个月独占鳌头，中文版销量冠军突破100万册！《白夜行》是东野圭吾至今为止最雄心勃勃、最具声誉的长篇代表作，具备经典著作的所有因素，跨越近20年步步惊心的故事被一宗离奇命案缓缓牵出，吊诡的命运、凄凉的爱情、怒不可遏的罪行、错综人性的对决与救赎。

三、畅销攻略

（一）以事实为依据，勾勒时代背景

《白夜行》里的故事情节，并不是作者东野圭吾杜撰出来的，而是他把当时的一些事实添加进去，有浓厚的时代背景。文章开头就有"3月时，法院对熊本水俣病作出判决"的描述，依据的是1973年3月20日熊本县地方法院对水俣病事件作出的判决，也把小说开始的时间在此进行了说明。再如，"四月中旬的一个星期一，专利部专利一科科长长坂提到前几天通车的濑户大桥。"濑户大桥是在1988年4月10日通车，据此也就能够推断出金属加工专家系统的体系流程外流的时间了。至于小说结束的时间，文章中同样有说明，"1988年至1989年期间，在琦玉和东京接连有四名幼女遇害……辩方凭精神鉴定的结果提出了反证。"实际上，这是发生于1988年的命案，这也便意味着小说完结的时间是1992年宫崎勤提交法庭的精神鉴定的时候。

一部推理小说中所有的主要事件都有切实的生活依据，并不仅仅是生活真实性的要求，而是作品的社会性与艺术的真实性大于和谐统一的重要途径。这样的写作方式，反映了东野圭吾在艺术追求上的一种风格，或者说是寻求作品真实性的一种追求。换句话说，《白夜行》的艺术设计是依靠社会生活真实的助力才顺利实现的。这是作家为自己、同时也是为日本的推理小说的发展找到的一条艺术途径。也许可以这样认为，借助社会背景表现小说的叙事需要，这并不是东野圭吾的发明，而是文学创作的常规。而《白夜行》所做到的，则是严格依据社会真实来实现推理小说的艺术真实，这显然是东野圭吾的独到理解与艺术实践。

《白夜行》其实是当时日本社会的一个缩影，作品有很强的时间性。例如，"笹垣发现自己妻子一大早起床去排队买手纸""市价四万元的清洁剂"等。这都是当时石油危机造成日本相应轻工业产品供应紧张；而文章中"由于东京中心的办公大楼需求增加，地皮创下天价，短期内连翻三四倍已不足为奇。……每次听到对方开价，他都忍不住怀疑事情的真实性。"等情节也揭示了当时日本房地产价格暴涨，泡沫经济已成为当时的趋势。

泡沫般的经济危机，令人瞠目结舌的娈童案，仅仅是《白夜行》整个悲剧的开始，女主人公雪穗还是在其母亲的胁迫下成为桐原洋介的娈童对象。正是这种肮脏不堪的社会风气才导致后来的一系列悲剧，主人公为遮掩罪行而不断犯罪。然而，娈童也只社会风气的其中之一，亲子关系的冷淡、婚外情猖獗等社会问题都有所体现。

此外，作品中桐原亮司使用伪造的银行卡实施犯罪的过程，是这一行业发展初期出现的社会问题。作家的捕捉不仅反映了他对社会问题的关注程度，而且也介入和引导了社会发展过程中对这种犯罪的警觉和重视。事实上，当计算机行业混乱和无序的时候，犯罪分子虽然可以得逞，但只能是暂时的。面对知识产权和专利权的出现，最终将得到社会有效的控制。在这个意义上，作品所揭示的犯罪类型，无疑为社会觉醒和抵御措施提供了可能。这是文学的功能，同样是推理小说存在的理由和推理小说作家的贡献。

(二) 以人性的扭曲显露社会弊端，发人深省

《白夜行》的描述时间跨度很大，从20世纪80年代初到90年代末，描绘了日本近20年的社会发展历程。作者在表现这一过程的时候，显然是经过严格的艺术筛选。最终，社会扭曲混乱、淫乱犯罪猖獗和新兴技术犯罪成为作品中的主线，与主体有密切的联系，人类本性的退化和社会道德的衰退引发了各种危机。显然，对这场危机的思考，不仅是日本社会现实的反映，也是对日本社会的警醒和远见。东野圭吾推理小说的思想性与艺术性也就从中产生了。

《白夜行》是在把一桩看似普通的自杀和一堆相当离奇的谋杀有机地结合在一起。作品的魅力在于这两桩案子的关联性，从中有超乎读者想象之外的逻辑，并且让桐原亮司和唐泽雪穗承担指点迷津的重任，解明凶杀案发生的社会因素与人物关联。在这一过程中，男女主人公的形象逐渐变得清晰可见、生动可人。这两个孩子杀完人，也把自己以后的生活葬送了，他们所背负的"原罪"意识由此成为人生的一种死结，作家主观上并不想解开这种死结，这样的处理方式无疑把这项工作交给了读者，这也便意味着读者在面对主人公时必须遭受并不轻松的折磨，从而将作品与读者紧紧地联系在了一起。

如此，《白夜行》的爱情故事显然是悲剧的。社会的弊端与人性的扭曲，为两个主人公设置的已然是没有结果的彼此关系。这种设置意味着他们虽然会互利共生，但注定无法有好的结果。如果说一开始两个人为了逃避而生存，那么最终的变化则是以恶制恶，完全脱离了最初的轨道，使许多无辜者成为他们生存的殉葬品。读者那里除了扼腕长叹以外，即便是出于同情和怜悯之心，同样无法替两位主人公找到某种可以让人接受的结果。从这一点看来，东野圭吾似乎是残酷的，但实际上他对人生的理解如此，

对艺术原则的恪守如此，对作品的规定性也便只能如此。

总而言之，爱情不过是这部作品的外在表现而已。作家拿爱情叙述的背后，意在表现人生的某种更重要的东西。当灵魂被挤在一条小胡同里的时候，人性本身的善恶界限毫无疑问将被打破，灵魂的挣扎将会以你死我活的方式表现出来。如果一个社会把一个个体的人生变得如此纠结，那么就很难说这一社会是值得肯定的。由爱情表现而派生出来的这样的许许多多的社会内容，就是这样在《白夜行》中丝丝入扣，被具体的表现出来的。作者的推理小说的创造性文本，也是这样完成的。

（三）灵活多变的视角，引人入胜

《白夜行》选用的是第三人称叙事方法，这种"局限性视角"决定了文字上的直白，任何的主观说法都是要避免的，作者只能暗藏在作品背后，才能获得一种叙事的冷静和客观的效果，从而获取读者的信任。这样的境界，并不是一般的作者可以企及的，这表现在小说的许多环节的处理上。

作品开篇，这种视觉的功能是通过一个叫做笹垣润三的刑警的眼睛完成的。无论是旧楼里发生的命案，还是命案的各种疑点，如果离开这双眼睛就都无从谈起。作品的两位主人公唐泽雪穗和桐原亮司，也是在这双眼睛里出现的。接下来，围绕两位主人公发生的人和事，自然地就转到了其他叙述者的目光之下，而作者则一直隐藏在幕后，充当黑暗中的总指挥。这不但为作品情节的发展平添了一种悬疑感，而且也大大地引发了读者的好奇心，应该说这与作品的视角功能有直接的关系。

启用这种视角功能，被作家发挥到了最大程度。第一章中男女主人公便已出现，直到作品结尾却各自为战、始终没有见面。也就是说，作品故事的叙述，完全是依赖叙述视角的转换来完成的，从而为第三者的见闻与推理留下了巨大的空间，这不但构成了小说叙事的独到性，而且也显示了东野圭吾对叙事视角的与众不同的理解与把握。无法模仿、也无法复制的艺术现实，表明作家的艺术才华是堪可首肯的。可以说，视角功能所显示的东野小说的艺术功力已达到炉火纯青的境界。

（四）复杂的叙事结构，令人回味无穷

《白夜行》的故事，是由13个片段通过切入转换来完成的。男女主人公在同学、同事、亲人、朋友、警察和私人侦探的轮番出场中，分别面对不同的环境和人物完成角色的塑造。这样做，不仅避免了画面的重复感，而且有利地展示了主要人物的行为来源、以及行为发生的必然性，而将这些画面汇集起来，也形成了男女主人公的整体形象。转换手法的巧妙、形象的表现手法的不同，作品叙事环境的变化，统统被作家有效地调动起来，从而形成了作品极具独创性的叙事特色。

《白夜行》以一种并行发展的叙事结构进行叙述，这种方法在西方后现代主义文学、尤其是文章较长的作品中被广泛选用。在作品中，桐原亮司与唐泽雪穗的故事是平行发展的，在一种相对宏阔的叙事需要面前，各自在属于自己的领域中游弋，互不干扰。这种结构不但使作品故事清晰、从容有致，而且特别有利于作家随时插入相关的情节，而不至于造成结构和叙事的混乱。作品借助笹垣刑警的推理，向读者展示了作为犯罪团伙的两个主要人物的面目。雪穗聪明而阴毒，手段不过是她为达到目的而采用的一种工具而已。而桐原亮司作为雪穗利益的维护者，秉承的是雪穗的意愿和主张，为此牺牲性命也在所不惜。

由于推理小说的特殊需要，作品最终也并没有让这种并行结构合二为一，这应该说是属于东野圭吾的发现和创造。桐原亮司死无对证的安排，是保护雪穗面目的绝妙的一笔，使女主人公的罪行无法大白于天下。这既

改变了这种并行结构的一般归宿,同时更主要的是从人物塑造的需要,使雪穗这一形象狰狞顽劣、入木三分,从而将社会危机对人的改变推入一种无法容忍的境界,强化了人们对这种危机的灾难性的认识。这种作品结构服务于人物形象塑造的努力,反映了作家驾驭推理题材和叙事结构的特有才能。

(五) 比国内现有推理小说更高一筹

国内现阶段的推理小说的来源大都缺乏社会实践,作者往往喜欢把自己在现实中所得不到的东西都倾注在了自己作品上,于是造成我们看的不是"推理"而是超能力"复仇者联盟"。完美的人不存在,因此,完美无缺的性格设计不会被公众认可。显然,东野圭吾的作品是普通人,非常接近生活。

再者,现今国内的推理中还普遍存在一种"为推理而推理,为诡计而诡计"的创作态度。作者将他们绝大部分的注意力都集中在了案件推理上。他们总是在考量如何制造完美的手法去犯罪,而鲜有触及到推理作品背后所能涉及的发人深省的思考。而《白夜行》做到了,它留给了我们很多有关人性的复杂与社会现实之间的深度思考。

就一般的侦探推理小说而言,关注的点大多在于正义是否得到伸张,犯罪能否得到惩罚等。读者惊讶于这种推理的方式读过东野圭吾的小说后,读者还会惊叹于主人公的人性流露。也许很多读者对黑暗面在阳光下暴晒有着浓厚兴趣,对于讨论人性却毫无兴趣。

谁是凶手在《白夜行》里已不是读者最关注的问题,而雪穗和亮司之间的感情如何进行和人性善恶的表现,才是人们关切的重点。东野圭吾曾经说过,他相信人性本是邪恶的。雪穗和亮司都是人性的复杂与社会残酷所造成的悲剧,雪穗沉迷于金钱,轻易背叛朋友;为了改变自己的命运,满足自己的虚荣心,不惜利用自己的友情和爱情,不择手段,偷盗、强暴、杀人;亮司则为了赎罪而以爱的名义以死来救赎自己,保护雪穗。《白夜行》作为一部悲剧,究其根本都是在揭露人性是非与社会扭曲残酷的问题。人们有一种根深蒂固的坏习惯,有时人们无法控制自己的想法,伤人或伤害自己,这是人性的悲剧。自私自利、贪婪好色、爱慕虚荣等人性的黑暗面在《白夜行》中表现得淋漓尽致,但最完整的爱和奉献又藏在人性最阴暗之下。

四、精彩节选阅读

(1) 节选一。

"R&Y"大阪第一家店的开业准备,一直进行到将近晚间十一点。滨本夏美跟在仔细进行最后检查的筱冢雪穗身后,在店内来回走动。无论是店面的大小,还是商品的种类和数量,这里都远超东京总店,宣传活动也十全十美、无可挑剔。现在只需静待结果了。

"这样就努力到九十九分了。"检查完毕,雪穗说。

"九十九分?还不够完美吗?"夏美问。

"没关系,缺这一分,明天才有目标啊。"雪穗说着盈盈一笑,"好了,接下来就要让身体好好休息。今天晚上,我们喝酒都要有节制。"

"等明天再庆祝。"

"没错。"

两人坐进红色捷豹时,已经是半夜十一点半。夏美握着方向盘,雪穗在副驾驶座做了一个深呼吸。"一起加油吧!别担心,你一定做得到。"

"真的吗？但愿如此。"夏美有些胆怯。大阪店的经营管理实际上交由夏美负责。

"你要有自信，相信自己是最好的，知道吗？"雪穗摇摇夏美的肩膀。

"是。"回答后，夏美看着雪穗，"可是，其实我很害怕。我觉得很不安，不知道能不能做得像社长一样。社长从来不觉得害怕吗？"

雪穗那双大眼睛笔直地望过来。"诺，夏美，一天当中，有太阳升起的时候，也有下沉的时候。人生也一样，有白天和黑夜，只是不会像真正的太阳那样，有定时的日出和日落。看个人，有些人一辈子都活在太阳的照耀下，也有些人不得不一直活在漆黑的深夜里。人害怕的，就是本来一直存在的太阳落下不再升起，也就是非常害怕原本照在身上的光芒消失，现在的夏美就是这样。"

夏美听不懂老板在说什么，只好点头。

"我呢，"雪穗继续说，"从来就没有生活在太阳底下过。"

"怎么会！"夏美笑了，"社长总是如日中天呢。"

雪穗摇头。她的眼神是那么真挚，夏美的笑容也不由得消失了。

"我的天空里没有太阳，总是黑夜，但并不暗，因为有东西代替了太阳。虽然没有太阳那么明亮，但对我来说已经足够。凭借着这份光，我便能把黑夜当成白天。你明白吧？我从来就没有太阳，所以不怕失去。"

"代替太阳的东西是什么呢？"

"你说呢？也许夏美以后会有明白的一天。"说着，雪穗朝着前方调整坐姿，"好了，我们走吧。"

夏美无法再问下去，发动了引擎。

(2) 节选二。

"收到一个很棒的礼物呢，回去要给爸爸看哦。"母亲对孩子说道。

"嗯。"点头回答的是一个三四岁的小女孩，她手里拿着什么东西，正轻飘飘地晃动。一瞬间，笹垣圆睁双眼。

女孩拿的是一张红色的纸，剪成一只漂亮的麋鹿轮廓。

"这个……这从哪里来？"笹垣从身后抓住小女孩的手。

母亲露出恐惧的神情，想保护自己的女儿。"有……有什么事？"

小女孩似乎随时会放声大哭，路过的行人无不侧目。

"啊！对不起。请问……这是哪里来的？"笹垣指着小女孩手里的剪纸问道。

"哪里来的……送的啊。"

"哪里送的？"

"就是那家店。"

"是谁送的？"

"圣诞老公公。"小女孩回答。

笹垣立刻转身，不顾因寒气而疼痛的膝盖，全力狂奔。

店门已经开始关闭，警察们还在附近没有离开。他们看到笹垣的模样，都变了脸色。"怎么了？"其中一人问道。

"圣诞老人！"笹垣大喊"就是他！"

警察们立刻醒悟，强行打开正要关上的玻璃门，闯入店内，无视阻止他们的店员，踩着停止运作的扶梯往上冲。

笹垣原本准备跟在他们身后冲进去，但下一秒钟，脑子里冒出一个念头。他拐进建筑物旁的小巷。

真蠢！我真是太蠢了！我追踪他多少年了？他不总是在人们看不见的地方守护雪穗吗？

绕到建筑物后面，看到一道装设了铁质扶手的楼梯，上方有一扇门。他爬上楼梯，打开门。

眼前站着一个男子，一个身着黑衣的男子。对方似乎也因为突然有人出现而吃惊。

这真是一段奇异的时间，笹垣立刻明白眼前这人就是桐原亮司。但他没有动，也没出声，大脑的一角在冷静地判断：这家伙也在想我是谁。

然而，这段时间大概连一秒钟都不到。那人一个转身，朝反方向疾奔。

"别跑！"笹垣紧追不舍。

穿过走廊就是卖场。警察们的身影出现了，桐原在陈列着箱包的货架间逃窜。"就是他！"笹垣大喊。

警察们一齐上前追赶。这里是二楼，桐原正跑向已停止的扶梯，笹垣相信他已经无法脱身。但桐原并没有跑上扶梯，而是在那之前停下脚步，毫不迟疑地翻身跳往一楼。

耳边传来店员的尖叫，巨大的声响接踵而至，好像撞坏了什么东西。警察们沿扶梯飞奔而下。几秒后，笹垣也到达扶梯。心脏快吃不消了，他按着疼痛的胸口，缓缓下楼。

巨大的圣诞树已倒下，旁边就是桐原亮司。他整个人呈大字形，一动不动。

有一名警察靠近，想拉他起来，但随即停止动作，回头望向笹垣。

"怎么了？"笹垣问。对方没有回答。笹垣走近，想让桐原的脸部朝上。这时，尖叫声再度响起。

有东西扎在桐原胸口，由于鲜血涌出难以辨识，但笹垣一看便知。那是桐原视若珍宝的剪刀，那把改变他人生的剪刀！

"快送医院！"有人喊道，奔跑的脚步声再度传来。笹垣明白这些都是徒劳，他早已看惯尸体了。

感觉到有人，笹垣抬起头来。雪穗就站在身边，如雪般白皙的脸庞正俯向桐原。

"这个人……是谁？"笹垣看着她的眼睛。

雪穗像人偶般面无表情。她答道："我不知道。雇佣临时工都由店长全权负责。"

话音未落，一个年轻女子便从旁出现。她脸色铁青，以微弱的声音说："我是店长滨本。"

警察们开始采取行动。有人采取保护现场的措施，有人准备对店长展开侦讯，还有人搭着笹垣的肩，要他离开尸体。

笹垣脚步蹒跚地走出警察们的圈子。只见雪穗正沿扶梯上楼，她的背影犹如白色的影子。

她一次都没有回头。

五、相关阅读推荐

[1] 牛丽. 从《白夜行》看东野圭吾侦探推理小说中的人性[J]. 语文学刊,2010(7).

[2] 董羽双. 东野圭吾的推理小说刍议 ——以《白夜行》为中心[D]. 长春:东北师范大学,2014.

[3] 常婷婷. 东野圭吾推理小说为何风靡于中日两国——以《白夜行》《嫌疑人X的献身》为例[J]. 网友世界,2014(16).

畅销书案例分析 7

《遇见未知的自己》

刘亚楠

一、图书基本信息

(一)图书介绍

书名:遇见未知的自己

作者:张德芬

开本:32 开

字数:156 千字

定价:29.00 元

书号:ISBN 978-7-5404-5757-0

出版社:湖南文艺出版社

出版时间:2012 年 10 月

(二)作者简介

张德芬,被誉为"华语世界首席身心灵畅销书作家",研修身心灵成长多年。她著有身心灵三部曲《遇见未知的自己》《活出全新的自己》《遇见心想事成的自己》，以及《重遇未知的自己：爱上生命中的不完美》《舍得让你爱的人受苦》，并与荷兰知名身心灵疗愈大师罗伊·马丁纳合著有《心灵突破60问》。同时，她还翻译了德国心灵导师艾克哈特·托尔的作品《新世界：灵性的觉醒》和加拿大知见心理学领袖克里斯多福·孟的《找回你的生命礼物》等。

张德芬毕业于台湾大学企管系，曾担任台湾电视公司新闻记者、主播，多年后到美国深造，学成后曾担任国际知名公司营销经理一职。外人看来风光无限的生活，给张德芬带来的却是抑郁症的困扰。生命的困顿转折，在张德芬看来却是建立内在力量的好时机。于是，她决定全力追求内在心灵的世界。多年来，张德芬学习了不同的心灵成长及心理治疗方法，并且阅读了许多中英文的相关著作。通过每日的静坐，张德芬体悟了许多灵性及个人成长方面的心得，并希望通过文字的呈现帮助更多的人发现内在真实的自我与幸福。

二、畅销盛况

2007年5月，张德芬出版了第一本有关身心灵成长的小说——《遇见未知的自己》。该书在台湾地区一上市就掀起了阅读狂潮，并且名列台湾三大书店畅销排行榜前三名，张德芬也一跃成为畅销作家。同年，大陆引进简体版《遇见未知的自己》。最初，此书由华夏出版社于2008年1月在大陆发行，刚一上市就受到极为广泛的关注，并很快位列各大图书销量排行榜榜首，半年内销量达到3万册。此书获得2012年当当网畅销书籍第一名，且多次荣获"当当网终身五星级最佳图书""卓越亚马逊畅销书大奖""十大成功励志好书"等荣誉。继华夏出版社之后，湖南文艺出版社陆续出版了平装版、精装版的《遇见未知的自己》。《遇见未知的自己》系列作品在大陆地区的总销量已超过500万册,成为身心灵领域的经典之作,掀起了读者对心灵探索方面图书的阅读热潮。

据北京开卷信息技术有限公司数据显示,2010年1月至2015年12月72个月中,该书57个月都位列月虚构类畅销书排行榜TOP30。即使在2012年,面对十六部诺贝尔文学奖得主莫言的作品和影视同期书的双重冲击,《遇见未知的自己》仍处于排行榜TOP30之内。

三、畅销攻略

近年来,心灵修养类的书籍如雨后春笋般层出不穷,其中频频登上畅销书排行榜的作品。而《遇见未知的自己》作为其中在榜时间最长的书籍,其成功的原因值得深思。

(一)名人效应

1. 作者的社会影响力

在当今的娱乐圈流行这样一句话:"演而优则唱"。将其放在新闻媒体这个圈子里,则是"播而优则写"。无论在商界还是演艺圈,名人出一本自己的作品已成一种风潮。伴随着图书的推出,作者的名气也会或多或少地得到提升。❶白岩松接连出版了《白岩松:行走在爱与恨之间》《痛并快乐着》《白说》等书,柴静的《看见》也曾风靡校园。这些名人的社会影响力成为他们书籍是否能够畅销的关键因素,而张德芬毫无疑问就是这些名人里的一员。

---

❶ 北京开卷信息技术有限公司研究咨询部."名人效应"依然强劲[N].中国新闻出版广电报,2015-11-30.

22岁考进人人羡慕的台视新闻部作记者，25岁成为台湾地区知名的美女主播并登上各类杂志的封面和报纸头条。走在大街上，经常有人认出她来。这样的张德芬，你根本不能否认她真的很红。即使是近二十年之后才出书，但是曾经的名人身份使得"张德芬"这三个字在台湾地区仍是卖点。而一旦在台湾地区的出版取得成功，那么内地势必会对书籍进行综合考量，然后出版。

2. 名人推荐

　　"2009年是我人生中灾难性的一年，我的人生观几乎被全面颠覆。有位朋友送给我一本《遇见未知的自己》，当我看到遭遇各种困境的女主人公通过自我审视，找回重新面对生活、创建崭新人生的力量时，我非常感动和感慨。其实，就像张德芬说的：'亲爱的，外面没有别人，只有自己。'从逆境中走出来后，我多次把这本书送给身边的朋友，希望大家也能唤醒那个沉睡的自己，踏上爱和喜悦的心灵旅程。"这是著名影视演员郝蕾写下的推荐语。2006年郝蕾和演员邓超分手。时隔三年，也就是2009年，郝蕾和李光洁离婚。接连出现的感情问题让郝蕾一度很崩溃，这和作者的经历也很相似。现在的郝蕾，有了一个幸福美满的家庭，事业也更有起色。从逆境中走出来的她，更加美丽动人。因此，郝蕾写出来的推荐语有着一种让人信服的能量。除了郝蕾，还有李娜、刘亦菲和杨幂都曾为这本书写了推荐语。她们的推荐语虽然在文字表达上看上去并不如郝蕾的文字让人感同身受，但是她们的粉丝力量也不可小觑。

（二）选题符合市场需求

1. 体裁的选择并不随波逐流

　　虽是名人出书，但是张德芬的作品也有其独特之处。《遇见未知的自己》并不属于传统名人出书的体裁，不是个人传记，也不是随笔，而是小说。在书中，张德芬结合她多年身心灵研习的成果和人生经历，给我们铺陈了一个发人深省、引人深思的女主人公自我挖掘并成长的故事。放眼当今的市场，读者很多都是工作繁忙的上班族，他们每天对着电脑进行繁重的脑力劳动，下班后即使想要看书放松一下，想必也不愿意更加耗费自己的精力去阅读一本晦涩难懂的学术专著。所以，作为一本研习身心灵的入门级书籍，比起学术专著，采用小说的形式更容易被读者接受。

2. 书名具有吸引力

首先，《遇见未知的自己》这个启迪式的书名很吸引人。相信很多第一次看见这本书的人，一定会疑惑什么是"遇见未知的自己"，也一定会想我们难道不知道自己吗？既然作者起了这样一个名字，是不是有什么深层次的含义？这个书名就像是鱼饵，一旦我们产生以上的想法，可以说我们就上钩了。

其次，这本书的书名很明确地概括了作者想要表达的想法，书名和书籍的内容很是契合。根据这本书的故事情节，作者张德芬希望达到的目的就是读者能够挖掘未知的自己，让自己能够踏上爱、喜悦和平和的心灵旅程，能够不被自己的思想、情绪甚至是身体所限制和阻碍，能够展现出真我的特质。而这个名字准确地表达了作者想要表达的深层含义。

最后，"遇见未知的自己"给大家一个想象的空间。在笔者看来，未知的自己很大程度上指代了更加成功或者是更加美好的自己。大家本着成为更好的自己的心理也会更愿意买下这本书回家"修行"。同时，众多行业的广告也借用了这本书的书名，那些看过这本书并且评价不错的读者就会是这个广告的潜在消费者，而每当大家看到广告的时候都有可能想到这本书。二者之间是一种相互推广的关系，对书籍来说会使潜在的读者成为真正的读者，从而推动书籍的销售。

3. 内容符合读者需求

《遇见未知的自己》能够畅销还离不开作者对读者需求的把握。

放眼当今社会，人们生活压力不断增加，工作节奏加快，房价长年飙涨，已婚人士不但要照顾小孩还要兼顾双方老人，未婚人士天天被催婚，很多人的生活质量大打折扣。而在环境方面，空气重污染的天数越来越多，道路堵塞更是常态，灰蒙蒙的天空配上一串红红的汽车尾灯，让人的心情更加压抑。近几年来，因为抑郁症或者是精神疾病自杀的案例更是屡见不鲜。在这样的生活环境下，我们甚至总是因为忙忙碌碌以致失去自我，我们都太需要被开导，太需要有精神依托。所以《遇见未知的自己》也就应运而生。作者在北大进行讲座的时候，就有同学说自己曾经患上了抑郁症，是《遇见未知的自己》这本书拯救了她。

同时，因为人是需要社交的生物，所以我们常常会和朋友们进行交流，谈起自己的顺利与不顺利、幸福与不幸福。如果恰巧大家都遭遇瓶颈或者是挫折，那么相互之间分享走出瓶颈期的方法以及相互传达正能量也很自然。就像郝蕾在书评中写到的："我多次把这本书送给身边的朋友，希望大家也能唤醒那个沉睡的自己，踏上爱和喜悦的旅程。"而在豆瓣和知乎的书评中，也有很多人说到自己从书中得到一些收获之后，也会想把这本书分享给自己的朋友，让大家一起遇见那个未知的自己。就像布莱恩·希尔和迪伊·鲍尔在《打造畅销书》一书中，曾认为市场口耳相传这个因素是书籍能否成功的影响因素之一。可见，朋友之间相互赠送、推荐书籍也是《遇见未知的自己》这本书可以畅销的因素之一。

（三）装帧设计

1. 封面设计醒目

"最有利的颜色，也就是红与白的组合，是指乳白色和红色系、粉红色或橙色和黄色等的组合"，井狩春男在《这书要卖100万：畅销书经验法则100招》中如是说。而《遇见未知的自己》一书的平装版和精装版两个版本的封面颜色都选择了白色和黄色系的组合。平装版封面上半部分采用亮黄色，封面上展现出一个女孩坐在屋顶上捧头仰望天空进行思考的样子，女孩的秀发随风飘动，使人物更加生动、活泼。这样的人物形象更像是文中通过修习身心灵最终遇见自己的女主人公若菱。下半部分采用白色模拟腰封，左侧是作者本人的照片，照片中的作者笑容恬淡，正是一副通过修习身心灵获得成长的研究者应有的形象。亮黄色和白色的大胆用色和强烈对比使得封面变得更加醒目。精装版的封面整个采用平装版的亮黄色部分。不同于平装版的大32开，精装版采用的是24开，使得书籍更加大气精致，让人产生购买的欲望。

2. 插画精美

随着造纸术、印刷术的发明和传播，插图不再仅仅是手工装饰画和文本的附属品，而成为阐述文本的重要手段，甚至可以说，我们已经进入"读图时代"。在编辑推荐栏目中，介绍了书中有30多幅原创暖心插画，全彩四色印刷。而看到实物之后才发现，编辑推荐所言非虚。一幅幅契合文章内容的图片，简单、温暖、纯净而又意蕴十足。当我们看到图片中的女孩之后，恰似看到了那个我们没有遇见的自己，活泼可爱，充满灵性，这一切都促使我们跟随书中的若菱一起去发现自己。井狩春男曾说："黑白的时代已经结束了。"全彩四色印刷的优秀插图极其诗意地再现了这本书的部分内容，使读者可以产生一种代入感以及良好的阅读体验，这些毫无疑问会让我们爱上这本书并且促使我们向别人推荐这本书。

3. 章节短小精悍，遐想无限

当我们在等地铁、排队买饭，或去医院输液时，可以利用的时间往往是很短暂的，但是只是排队难免无趣。因此，许多人喜欢利用碎片化时间进行阅读。而这本书中的每个章节都很短小精悍，读者可以利用碎片化时间阅读一个章节，然后接着去做要做的事情。由于书中的很多章节都会留下一些作业或者线索，所以读者也可以在做事情的间隙跟着若菱一起去思考问题，甚至可能在现实生活中对学到的内容学以致用。比如，在地铁上，我们可以练习腹式呼吸；当我们遇到塞车而心烦意乱的时候也可以告诉自己这是老天的事，我们无法控制，所以要学会等待等。放眼当今的图书市场，很多书籍都是采用短篇故事的形式，可以说很大程度上是受到读者需求的影响。

（四）营销推广

1. 积极与读者社群互动：采访+演讲+分享会

作者在图书销售的过程中多次参加《中国出版传媒商报》《人物》等杂志的采访活动，结合自身经历向读者分享自己是如何成功找到自己、自我成长并获得幸福的。同时，张德芬将曾经的主播经历和一直以来在身心灵方面的学习经验进行了融合，进行演讲。这些演讲教会了我们不抱怨，以及如何让自己更加幸福。张德芬还走进高校，如清华大学、北京大学等高等学府举办分享会。2014年5月22日，博集天卷书友会联合作者张德芬在北京大学举办了"张德芬系列作品畅销500万册分享会"。采访、演讲和分享会的形式相结合，大大增加了书籍的曝光度和作者的知名度，为书籍的畅销增添了不少助力。

2. 社交媒体当道：微博+微信

《遇见未知的自己》不断修订并且出版的几个版本，都通过博集天卷的官方微博进行了宣传，同时通过官微平台，开展了很多活动，包括书讯告知、有奖转发。虽然很多书出版的时候都会进行这样的操作，但是不同于其他书籍，《遇见未知的自己》直到修订版出版之后，依然还在官微平台的推荐书单上。

同时，作者张德芬的个人微博和微信平台一直坚持高频更新，分享自己在身心灵学习方面的成果，发布或者转发正能量的语录或者文章。在这个需要正能量激励的时代，此举可谓是圈粉无数。作者的高知名度也为书籍的畅销和长销增色不少。

（五）书籍反馈：好书，还是烂书

《打造畅销书》中写道："重量级媒体如《纽约时报》《星期日泰晤士报》上的一篇正面评论，可以对书的销售产生巨大影响，并在全国各地激起一波波的涟漪。如果没有正面评论，那么在重量级媒体上被大骂一顿，对卖书来说也是个不错的机会。"

反馈是传播过程中的重要一环，只有得到了反馈，才能知道传播的效果如何。在畅销书研究中，对反馈的研究也很重要。而反馈除了最直观的销售数据，就是读者的书评。通过销售的数据，我们可以知道一本书卖得好不好。但是通过读者的书评，我们却能知道一本书为什么卖得好或者为什么卖得不好。这对我们以后开展选题和组稿等工作会有很大的帮助。

就像是布莱恩·希尔和迪伊·鲍尔所说的，如果没有正面评论，那么在重量级媒体上被大骂一顿对卖书来说也是个不错的机会。而《遇见未知的自己》这本书显然也存在毁誉参半的问题。

现在很多人都喜欢写文字，除了在微博上发表评论，最常见的途径就是在豆瓣小组和知乎中写日记，不少人曾经写过书评以及读后感。这些读者中，有很大一部分是在迷茫中阅读了这本书从而学会臣服、检视自己最终走出困境并且向周围朋友推荐这本书的。这些在前文中已经提到过，按下不表。但是任何一本书都做不到让所有人都信服并且喜爱，《遇见未知的自己》这本书也是如此。就像豆瓣用户小木桩发表的题为《读后感而已：我猜想这是大家的阅读量都在降低，其实不是的》的书评，他就认为丝毫感受不到这本书的价值。最重要的是下面还有很多的评论对小木桩的观点表示赞同。其中也不乏认同派和不认同派之间的争执，很多一直想读这本书的读者甚至表现出更大的兴趣。可见好书或者烂书并不重要，毕竟大家都懂一千个人心中有一千个哈姆雷特这样的道理。重要的是这样的高曝光率以及好评和差评之间的争执才更能引发潜在读者的兴趣从而去购买这本书，促使这本书更加畅销。

（六）系列图书相互促进

《遇见未知的自己》是张德芬身心灵经典作品五册之一。张德芬还接连出版了《活出全新的自己》《遇见心想事成的自己》《重遇未知的自己》和《舍得让你爱的人受苦》这四本系列书。对于《遇见未知的自己》的畅销，其他系列书籍的出版也是功不可没。主要体现在出版商对畅销书进行的品牌链开发。

赵英在《畅销书攻略》一书中曾提到要对畅销书进行品牌链开发。而《遇见未知的自己》大获成功之后，作者张德芬的团队和出版机构就尝试进行了品牌链开发，相继出版了四本系列书。毫无疑问，这些书出版时打出的标语一定是"《遇见未知的自己》作者张德芬最新作品"。此刻，出版商就是在间接地提醒想要阅读系列书的读者先去阅读《遇见未知的自己》。从读者的角度来说，一旦读者得知自己想要阅读的书籍是系列图书时，势必也从第一本开始读起。每当作者推出一本书，潜在读者就会重新关注《遇见未知的自己》一次。而当潜在读者买回了书籍，就算是为《遇见未知的自己》一书登上畅销书排行榜做出了一次贡献。

科达曾在《畅销书的故事》一书中写道："就一个国家和社会而言，这些一代接这一代被阅读的书籍，传达了关于我们的种种信息，我们的过去、我们的现在和我们的未来。"《遇见未知的自己》的畅销也在一定程度上说明了我们的过去和现在的内心真正的需要。

《遇见未知的自己》一次次登上畅销书排行榜，时至今日，虽然不再榜上有名，但是这本书已然成为畅销书转变为长销书的典范。按照系列图书相互促进的原则，也许等到作者张德芬再次推出一本身心灵修习方面的书籍之后，《遇见未知的自己》一定又会重新回到榜单之上。

四、精彩节选阅读

"担心"是最差的礼物 不如给他祝福吧

若菱今天依约来到老人的小屋中，脸色凝重，不大好看。老人若无其事地问她："怎么样，拜访我的学生们还顺利吗？"

若菱如实相告，然后又忍不住问道："怎么他们俩都是名人呢？"

老人一笑："为什么不能是呢？"

"我就不是啊……"若菱自卑地反应道。

"哈哈！我的学生好多呢！让你去拜访名人，只是想加深你的印象而已。他们两人也的确是很有代表性的啦！"

"哦！"若菱没怎么搭腔。

老人又在地上的那个圆圈上面加了两个字。"现在你知道啦，破解身体障碍的方式，就是去和你的身体联结。"

看若菱不搭腔，老人终于问了："怎么啦？心情不好？"

"嗯，我……又和志明吵架了。"

原来若菱学了一番养生之道以后，看看志明的生活习惯，真的很不健康。志明从来不吃早饭，有时还错过午餐，晚上又胃口大开地大吃大喝。而且他很少运动，最多就是和同事打打球，玩乐多于锻炼。若菱愈想愈担心，忍不住向他传教。他哪里听得进去这些东西，还说"从哪里学来这些邪门歪道"！若菱觉得自己的一片关爱完全不被感激，而且还被严重地侮辱，又是一次夺门而出。

若菱花了一些时间，让眼泪倾泻、悲伤委屈流尽，情绪才平复了一些。

老人用理解的目光看着若菱，等她发泄完了，才清了清喉咙，严肃地问她："你为什么去干涉他的事？"

若菱不解，回道："因为我关心他啊。"

"你爱他是吗？"

"当然啦，要不然我管他干嘛！"

"很好，你知道吗？天底下只有三种事……"

"……"若菱觉得老人有点儿莫名其妙，静默地等待他的解释。

"老天的事，"老人伸手指指上面，"你的事，他人的事。"

"你是说志明的事是'他人的事'？我可不同意。"若菱反驳说，"他病了，他老了，倒霉的还不是我！"

"所以你管他的事是为了你自己？还是为了你爱他、需要他？"老人平静地问。

若菱哑口无言。关心志明，当然有一些成分是真心为他好，但何尝不是因为自己的恐惧，恐惧失去伴侣、恐惧造成麻烦呢？

"爱呀爱，多少罪恶假汝之名！"老人摇头叹息。

"我关心他，反倒成了罪过？"若菱心里很不平衡！

"你看，很多父母管教小孩，督促小孩要守规矩、用功念书，有多少是掺杂了怕小孩出去丢自己的脸（怕人家说你教的孩子怎么这么没教养！）的成分，或是希望、期待孩子能为他们带来光荣，甚或是将自己对未来无名、未知的恐惧投射在孩子身上，加重他们的负担？"

若菱不语，她知道老人说的有道理。可是夫妻之间呢？

"夫妻之间，也要扪心自问：你真正的出发点是什么？是为了对方的人生，或更多的是为了自己？"

"自己最亲近的人的事，真的可以不管吗？"

"对于最亲近的人，更要注意沟通的方式和方法。如果是为了自己，而且还自以为有权利管对方，认为我们可以介入他人的领域、促使别人改变，这种做法不但白费力气，而且还会造成两人关系的紧张。"

"可我的确也是为了他好啊。"

"你可以把你知道的，你认为对的、正确的东西和他们分享，但是背后不要设定一个预期的结果（比方说，你一定要听我的，要不然……）。这样的话，对方比较能够接受。伴侣之间、亲子之间都是这样。"

"很难哪!"若菱摇头。

"是呀,所以你一天到晚介入他人的领域,管他人的事,自己这儿却没有人在家,关心自己的事。"老人指着若菱的脑袋调侃道。

"我怎么可以看着我的伴侣慢性自杀呢?"

"你觉得志明生活习惯不好,而你自己最近有了一些体会,想改变生活、饮食的习惯。你就自己努力、尽心地去做,让你的伴侣感到好奇,让他看到效果,然后他可能会愿意听听看你这么做的理由,同时,他也许会试着做一些你在做的事。但是如果你强加这些观念在他身上,他的小我第一件会做的事就是反抗。"

"嗯……"若菱觉得很有道理。

"所以呀,记住,管好自己的事最重要。"老人提醒她。"为我们的亲人担心,其实是一种不负责任的加害行为!"

"什么?"若菱简直不敢相信自己的耳朵。

"听我说,"老人胸有成竹地解释:"比方说一个母亲,她的孩子要和朋友去远足、郊游,他决定要去的时候,母亲担心年轻人出远门会发生危险而试图阻止,但是孩子大了,阻止不了,所以他出门的时候,母亲就耳提面命他要注意这个、注意那个……在后面一直唠叨……"老人看看若菱,"你是知道能量世界的定律的,这个母亲在孩子出门的时候,给了他什么能量?"

"当然是不好的负面能量。"若菱回答。

"是的,"老人点头,"而且母亲之所以会这么做,是由于她无法承担一丝丝可能会失去儿子的危险,于是把自己的恐惧投射到孩子身上。现在,你明白我说的'担心是一种不负责任的加害行为'了吧?"

若菱思考了一会儿,问:"可是有时候孩子真的不太懂事,你不提醒,他真的会出事的。"

"提醒是可以提醒,"老人同意,"但是仍然要看你的出发点。你的本意是出于关心,所以把提醒孩子当成是一种爱的表达,还是出于恐惧地把担心投射在孩子身上,给他很多压力。"

"这两者怎么区分呢?"若菱问。

"表面上也许看不出来,但是在能量的层面上,而且在孩子的心理感受上,可以区分得出。"

若菱若有所悟地点点头:"就是不执着吧?"

"对!"老人赞道,"就是要放下小我的执着心。"

若菱又问:"但是,如果孩子真的出事了,母亲难道不会觉得自己没有给孩子足够的警告,或是阻止他而感到愧疚吗?"

老人微笑着问:"我刚才说过天下有几种事?"

"三种事。"若菱老实地回答,"我的事,他人的事和老天的事。"

"一个人的命活多长,是老天的事,一个母亲再怎么努力去保护孩子都是无法与天命抗衡的。"

"是呀,谁敢跟老天抗争……"若菱喃喃地说。

"不一定喔,你曾经有因为交通堵塞误了约会,而坐在车子里咬牙切齿的时刻吗?"

若菱不好意思地点点头:"当然有!"

"交通堵塞是谁的事?"老人问。

若菱想想,说:"老天的事。"

"所以呀,人们常常跟老天争辩、抗衡而不自知,不是吗?"

老人摸着胡子,娓娓道来,似乎在嘲笑世人的愚痴:"无论你多么爱他,多余的担心就是最差的礼物,不如给他祝福吧!"

五、相关阅读推荐

[1] 北京开卷信息技术有限公司研究咨询部."名人效应"依然强劲[N].中国新闻出版广电报,2015-11-30.

[2] 王若星.遇见未知的自己——专访台湾人生导师张德芬[J].航空港,2012(11).

[3] 张琼文.张德芬心灵麦田的守望者[J].经济,2009(09).

[4] 强杰.张德芬上帝在云端[J].东方养生,2010(04).

[5] 曾于里.2012年虚构类畅销书分析报告[N].文学报,2013-01-24.

[6] 井狩春男.这书要卖100万:畅销书经验法则100招[M].邱振瑞,译.桂林:广西师范大学出版社,2005.

[7] 布赖恩·希尔,迪伊·鲍尔.打造畅销书[M].陈希林,译.北京:中国人民大学出版社,2006.

[8] 科达.畅销书的故事[M].卓妙容,译.北京:中国人民大学出版社,2006.

畅销书案例分析 8

《从你的全世界路过》

庞雅心

一、图书基本信息

（一）图书介绍

书名：从你的全世界路过
作者：张嘉佳
开本：32 开
字数：220 千字
定价：36.00 元
书号：ISBN 978-7-5404-5802-7
出版社：湖南文艺出版社
出版时间：2013 年 11 月

（二）作者简介

张嘉佳，1980 年 6 月 22 日出生于江苏南通，作家、编剧、导演，毕业于南京大学。张嘉佳大学毕业后，担任过杂志主笔、电视编导等。2005年，张嘉佳出版首部长篇小说《几乎成了英雄》；2010年，出版小说《情人书》；2011年首次担任电影编剧，凭借《刀见笑》获得第48届台湾电影金马奖最佳改编剧本提名；2013年，出版书籍《从你的全世界路过》，一年销售超过400万册，创下单本小说历史记录，并入选第五届中国图书势力榜文学类十大好书。2014年7月至8月，担任江苏卫视《非诚勿扰》的现场点评嘉宾；2014年7月21日出版《让我留在你身边》，预售当天夺得预售榜单第一名，半年销量突破80万册。2015年年底，张嘉佳宣布与张一白合作，将其知名IP《从你的全世界路过》交由其执导，自己则出任编剧，由邓超、杨洋、白百何、张天爱和岳云鹏等人主演。

二、畅销盛况

这本书名类似病句的短篇小说集，上市仅20天就卖了40万册，6个月热卖200万册，打破10年来单本畅销书的销售记录，连续3个月蝉联3大畅销排行榜榜首，是中国出版市场2013年的一匹黑马。

书中共收录了38个关于情感的动人故事，篇篇泪点和笑点十足。其中，部分故事出版前就已在微博上爆红，累计超过1500万次转发、14亿次阅读。该书在南京的第一场签售会就创下南京图书签售史新高1万册的纪录，当时书店门外冒雨前来的粉丝早已把马路挤得水泄不通，签售会从当天下午1点持续到晚上8点。

2014年3月，作品《从你的全世界路过》入选"第五届中国图书势力榜文学类十大好书"。

2014年12月11日，《从你的全世界路过》获得亚马逊年度图书总榜第一名、kindle年度电子书收费榜第一名，京东年度青春小说榜第一名。

2015年3月11日,《从你的全世界路过》繁体版上市,在中国台湾地区各大图书榜单位列第一名。

2015年4月3日,《从你的全世界路过》获得"2014年度中国好书"。

随着张嘉佳《从你的全世界路过》火爆销售,在读者、电影公司等的要求下,张嘉佳及出版方已经同意将本书中的部分故事搬上大荧幕。

三、畅销攻略

畅销的青春文学是在某个特定时期内符合青年群体的阅读口味的文艺作品,它往往曲折地影射了当下青年群体的精神需求。在近期的畅销文艺作品中,"治愈系"成为独特的一抹颜色。社会转型期的中国,社会结构变迁、城市生活变化、人际交往冲突等,无不增加了青年群体的生存压力,于是各种"创伤"心理亟待"治愈",畅销书《从你的全世界路过》应运而生。那么,一本书如若能够成为畅销书,需要具备哪些条件呢?通过对《从你全世界路过》一书大获成功的原因解析,或许我们能够得到一些启示。

(一)内容为王打动人心

1. 文本治愈功能明显

如果说《从你全世界路过》在短时间内火爆得益于出版之前的网络人气,那么长时间的畅销则得益于它的文本吸引力和传播广度。微博改变的只是阅读载体,作品是否具有持久吸引力还要看文本质量。《从你全世界路过》不具有精英文学的深远影响力,但是作为在排行榜上高居不下的青春文学,它的畅销也能从侧面反映这个时代青年的心理症候。此书的别名是

《让所有人心动的故事》。恰如"心动"所言，其文本也是大打"情感牌""治愈系"特色明显。

在一次关于张嘉佳的粉丝调查中，有微博名叫"烨小陶"的"80后"粉丝这样评价："我一直在想张嘉佳的睡前故事到底是个什么体系，刚刚灵光一亮，他写的不就是我们小时候看的纯情日剧《东京爱情故事》《悠长假期》《恋爱世纪》……有热爱有梦想有深情，有失去的遗憾，还有最后一击的催泪弹，他怎么会不受欢迎呢？现在满世界都是张牙舞爪的人"。当代部分"80后""90后"青年正面临着机会渺茫、前途暗淡、社会现实也越来越趋向功利主义的危机，且父辈建立的社会规训常常让青年感到束手束脚。在这种情况下，人们更容易被情深意切和追梦青春的叙事感动，而现实世界中恰恰缺少这样的故事。

2. 故事情节贴近生活

知道国内发行量最大的原创杂志是什么吗？是《知音》和《故事会》。

知道《知音》和《故事会》畅销的秘诀吗？是靠故事。

二者的区别仅仅在于，《故事会》的故事是虚构的；而《知音》的故事（起码就它自己标榜的而言）是纪实性的，是真实存在的。

心理学家已经证明，人类的大脑，就是一台故事接收器。对于故事，我们是没有免疫力的。胡安·鲁尔福（马尔克斯的"文学奶妈"）如是说："我相信故事。没有故事，就没有文学。小说的含义就说明了这一点。"会讲故事的人有福了，畅销书最重要的元素，就是故事。

全世界每年出版的书，类别最多的是小说，而小说的核心，其实就是故事。故事的魅力无处不在，无人可敌。而被人们冠以"微博上最会写故事的人"这一称号的人，就是张嘉佳。

《从你全世界路过》中的故事主题多元化，爱情是一大主题，其次是亲情和友情。这些情感通过"痴情人"、善解人意的长辈、两肋插刀的朋友等角色建构传递出来。同时,《从你全世界路过》中的治愈思想突出表现在它重情重义、淡泊名利,这与现代社会价值理性的消解和工具理性的张扬形成抗衡,给社会化中的承受生活压力的青年予以心理慰藉。《我希望有个如你一般的人》中分手后一直等待对方的情侣;《摆渡人》中痴痴追随心上人的女孩;《老情书》中为了儿子的幸福牺牲自己的母亲;《一路陪你笑着逃亡》中陪着失恋的朋友宅在家里,连续6天靠喝粥生存的主人公张嘉佳。这些纯真善良的人物,搭配没有暴力和色情成分的故事情节都可让人获得心理上的安全感。

(二)微博营销发酵口碑

张嘉佳在微博上写创作故事的初衷,为了救赎自己沉沦的心,并想看看哪个最好,哪个反响最大,于是就把哪个故事当剧本推荐给电影圈,结果却一发不可收拾。他竟用情节紧凑人物鲜明的故事,让微博从一个获取信息的平台变为一个适合阅读的平台。短短一个月时间,温暖人心的"睡前故事"系列微博,竟被网友们疯狂转发,其中包括"微博女王"姚晨等明星。两个月后,这些微博故事的总转发量高达150万次,超4亿人次阅读!张嘉佳的粉丝,也从最初的几万人,一跃突破200万,同时他还被封为"微博上最会讲故事的人"。

张嘉佳的文字篇幅不长,符合快节奏的需求,读者集中看完后,很容易发现感动的焦点并进行转发,他们相信微博的力量是无穷的。许多年轻人,喜欢到张嘉佳的微博上看《睡前故事》。他们觉得写得精彩,就不约而同地纷纷转载,以便让更多的人看到。与传统的严肃文学作家相比,张嘉佳和读者的互动意识更强。在他的精心策划下,《睡前故事》受到读者热烈欢迎,大家争先恐后地转载。没有过多久,系列微博转发量就高达150万次,超过4亿人次阅读。

对于《从你的全世界路过》受到读者欢迎的原因，责任编辑包包曾这样分析："有市场的需要就会产生这种符合大家心理的作品，这批人很多都是从网络上先红起来的，在网络上有可观的受众，等待成书之后，受众便会像雪球般越滚越多。"《从你全世界路过》通过众多读者的转载微博显示出强大的力量。该书发行量如此之高，是因为它站在微博的肩膀上。

（三）选题迎合读者需求

随着图书市场竞争的加剧，图书的营销理念也在不断提升，营销手段不断出新。其中一个明显的变化，就是已经从实物营销转向概念营销。能有效地激发、激活读者购书需求的，往往不是图书本身，而是图书内容所体现和折射出的社会心理和审美情趣。读者购书并不是简单的条件反射，而是一定的购书意向、需求引导下的心理补偿行为。读者购书的意向越清晰、目标越明确，购书冲动就越强烈，这种成形的购书意向，就是读者所认同的概念。在商业社会的市场化运作中，概念是一面旗帜，是一种看不见、摸不着的无形资产，代表一种市场凝聚力和号召力。一本书要吸引读者，除了其自身的使用价值以外，它所蕴涵的内在价值必须能给读者提供更大的联想和想象的空间，使读者从中得到多种享受，提高需要的满足系数，这样才能更多地吸引读者的关注。

在生活中，当心里积存压力时，人们倾向于选择温暖人心的故事来舒缓心情，这也是"鸡汤文"有高阅读量的原因。一本书的畅销自然是多种必然性与偶然性的耦合。一般而言，一个时间阶段的畅销作品，或多或少能在一定程度上反映在这个时代的背景下人们的心理状态。

张嘉佳的《睡前故事》，运用自媒体微博的平台，展现了碎片化阅读的节奏，既可任意展开，又能随时放下。《睡前故事》，是一种碎片化的写作方式，它的热销显示了一种新的文学表达形式的兴起，没有长篇大论，讲究效率，舍去描写、议论和抒情，用简洁的叙事，给读者留出了无限想象的空间，达到了"书不尽言，言不尽意"的效果。这样的写作形式和故事内容，既契合时下快节奏时代生活的需要，也顺应了都市人特别是年轻一代新的阅读习惯。现代社会里的都市人，特别是"80后""90后"，正面临着激烈的社会竞争和生存压力，时间的碎片化使他们已经很难沉下心来去阅读大部头的世界名著，而短小精悍、简洁而又情节丰富的短文适合随时打开随时放下。其另辟蹊径对青年心理的"治愈"、温暖、励志、安抚人心，透露出当代青年群体独特的心理需求。过去，人们因为崇拜而去阅读，而现在的年轻读者除此之外，还想找满足他内心需求的东西。张嘉佳的作品中俚语很多，是通俗的都市语言，而这些话恰恰是现在的年轻人正在说的话，是击中他们心灵的话。《从你的全世界路过》畅销的原因就在于它满足了人们对温暖的需求，在充满压力的社会中给人以抚慰，让读者又哭又笑。

（四）影视 IP 反哺图书销量

畅销书价值链的作用，不但体现在选题物化、成形、进入图书终端市场、被读者购买的过程中创造的价值，还体现在畅销书被改编成其他形态产品的过程中，在相关产业能继续创造出有效的产值和利润。在内容与市场优势需求相吻合的情况下，畅销书创造的价值链，可以在改编中向相关产业延伸，并在延伸中不断创造出新的价值。此外，这种在改编的延伸中所实现的价值，不但不影响畅销书原有价值的实现，还能促进畅销书原有价值的进一步升值。近年来，全国一些有较高收视率的电视连续剧，有相当一部分是由畅销书改编而成的。

《从你的全世界路过》不仅受到了读者的喜爱，而且受到了多家影视公司的关注。随着图书的畅销，书中故事改编电影的喜讯也不断传来。在看完书籍后，王家卫认为："张嘉佳写的不是 35 个故事，而是 35 个电影剧本大纲。"经过具体协商，张嘉佳把讲述备胎姑娘锲而不舍追逐爱情的故事《摆渡人》交给王家卫，并与他进行合作，将小说改编、拍摄成同名电影。书中收录的 35 个故事，已经有 5 个成功售出影视改编权。2015 年年底，张嘉佳宣布与张一白合作，将其知名 IP《从你的全世界路过》交由其执导，自己则出任编剧，由邓超、杨洋、白百何、张天爱、岳云鹏等人主演。影视方面的宣传往往规模大、明星多、话题多，在这个时候人们的目光势必也会落在原作品上。届时，影视作品的知名度也会反哺原作品，而同名图书的畅销也会让一部分人关注到影视作品，满足读者更高的要求。这对于作者出版方和电影方来说是一种互补，也是一种双赢。在电影《从你的全世界路过》上映之后，一定会带动新一轮图书销量的增加。

（五）细节处包装到位

有句话说"酒香不怕巷子深"，但是时代改变，一本好书也需要有好的包装和好的宣传，才能获得更大的成功。接下来，笔者就从书名、封面和封面文字来分析一下《从你的全世界路过》这本书。

1. 书名引人入胜

"只靠书名就能成为畅销书"这是井狩春男的观点。当然，井狩春男是极端了一点。陈颖青的观点就比较中肯："一本书有没有魅力，能不能吸引人，书名只是部分原因。有书名不怎么样，但销量和口碑都很棒的书，也有书名伟大的不得了的，但内容一团糨糊的书。"一个好书名未必成就一本畅销书（当然可能性会大一些），但烂书名却极有可能会毁掉一本原本很有畅销潜质的书。井狩春男说，很多书失败的原因在于书名，是很有道理的。好的书名未必一定要精准地传达一本书的内容，但要做到能让读者眼前一亮,有想拿起来看的欲望。平淡的书名,则会让人无感,直接飘过。

很多人并不理解《从你的全世界路过》这个书名,在微访谈里面作者解释说:"'从你的全世界路过'其实是个病句。要么你是我的全世界,要么从你的世界路过。我们是无法从一个人的全世界路过的。大部分的希望都是病句。宁可拿病句做题目,也不要看不见希望。"在琼瑶阿姨影响了我们这么多年之后,我们这一代人对于这些文绉绉的恋爱早觉得虚伪不堪了,因此转向另一个极端——痞风当道。对于这个类似于病句的书名,不同的读者会有不同的反应和见解,或疑惑为什么要用一个不怎么通顺的标题来当书名呢?毫无疑问,这个书名成功地勾起了读者的好奇心或惊喜——大抵经历过爱情,受过情伤,或是对于书中的故事感同身受的读者来说,这会是一个给人希望的标题吧!正如作者所说,宁可拿病句做题目,也不要看不见希望。然而,无论是前者还是后者,作者或是编辑的意图已经达到了,这个书名成功引起了读者的关注。

2. 封面夺人眼球

井狩春男说:"书店要平摆、秀出封面,才能成就畅销书。"在互联网时代,网上销售或宣传的每一本书,都是可以亮出封面的,封面就显得更为重要。这与菲利普·科勒关于包装的观点是一致的:"在这个竞争激烈的环境中,包装或许是销售者影响购买者的最后机会。它变成了一个'五秒钟商业广告'。好的包装能使企业获得竞争优势……相反,设计糟糕的包装会令消费者头疼,因此使企业失去销售机会。"

前面提到一个好的书名,会做到让读者眼前一亮,想拿起来看一下。其实,一个好的封面,也会做到令读者眼前一亮。《从你的全世界路过》一书的封面主打柠檬黄基调,封面文字为黑色。颜色属于偏暖的色系,阳光、乐观、很温馨,也很干净。这两种颜色亮度对比非常强,给人的感觉光感强,清晰度高,有很强的视觉冲击力。在视觉传达上,采用黄色封面能更大程度地吸引读者的眼球,这也是非常明智的一种选择。

3. 封面文字引起共鸣

《从你的全世界路过》一书封面上有这样的一段文字:"我希望有个如你一般的人,如山间清爽的风,如古城温暖的光,从清晨到夜晚,从山野到书房,只要最后是你,就好。"这一句话很煽情,但却恰到好处。古人云:"感人心者莫先乎情。""情感包装"已经成为这个时代的首要特征。一本畅销书,从内到外都要有情,才能打动读者的心。无论是封底、腰封上的宣传语,还是登在各大媒体上的广告语,都运用了极富感性色彩的语言,来抓住读者眼球,激起读者阅读和购买的愿望。

再来看封底的这段文字:"读过睡前故事的人会知道,这是一本纷杂凌乱的书。像朋友在深夜跟你在叙述,叙述他走过的千山万水。那么多篇章,有温暖的、有明亮的、有落单的、有疯狂的、有无聊的、有胡说八道的。当你辗转失眠时,当你需要安慰时,当你等待列车时,当你赖床慵懒时,当你饭后困顿时,应该都能找到一章合适的。我希望写一本书,你可以留在枕边、放进书架,或者送给最重要的那个人。他书中的人物常常以混不吝的姿态,嬉笑怒骂、肆无忌惮地进行无节操的表达,时而耍贱、时而煽情,追求语不惊人死不休的效果。但是这段文字感性文艺却不矫情,很平淡地如你我家常闲话般地说着一些生活小事。"张嘉佳总是能戳中广大读者内心的软肋。

(六)争议话题促销量

尽管微博上《从你的全世界路过》一书的关键词一度占据微博热门话题,《从你的全世界路过》的市场销量也在一路飘红。但与此形成鲜明对比的是,一些文学业内人士却对该书给出了批评的意见。新京报刊登了一篇题为《评〈从你的全世界路过〉走过路过，还请您错过》的文章。文章指出："微博阅读和纸质阅读是完全不同的概念，前者碎片化，后者则理应拒绝碎片化。但可惜的是，在心灵鸡汤、快餐阅读大行其道后，碎片化反倒成为了主流。严格来说，《从你的全世界路过》根本算不上小说集，只能算是段子集。备受吹捧的抒情语录看似温暖，实则矫情肉麻，并且被强行插入故事中，似极了语文课本里的中心思想，也像小学生作文末尾那些引用的名人名言。"情节极端、故事单一、语言空洞化等，都是一些人批评针对的要点。

但是对于《从你的全世界路过》一书来说，有争议并非坏事，争议意味着话题，也意味着卖点。在商业化快餐文化和粉丝经济大行其道的今天，有争议的话题就是最佳的传播手段，这使越来越多的社会人群、潜在读者都有更大的可能性接触到这本书，从而实现关注并购买。在豆瓣、知乎等社交平台上，对于《从你的全世界路过》一书争论的话题也不断，这些都令《从你的全世界路过》一书的销量一路稳定攀升。其实，来自各方的不同意见都对《从你的全世界路过》的畅销起到了推波助澜的作用。

四、精彩节选阅读

就这样马力离婚了，净身出户。我问他，明明是前妻出轨，你为什么反而都给她？马力说，男人赚钱总比她容易点儿，有套房子有点儿存款，就算那个男人对她不好，至少她以后没那么辛苦。

他擦擦眼泪，说："我们谈了四年，结婚一年多，哪怕现在离婚，我不能无视那五年的美好。"

我点点头，说："也对。"

畅销书案例分析

　　小玉帮马力租套公寓,每天下班准点去给他送饭。一直到初冬,朋友们永远记着那天。

　　江洁和现任老公到管春酒吧,和马力迎面撞到。他结结巴巴地说:"你们好。"那个男人说:"听说你是个伟人?难得碰到伟人,咱们喝两杯。"

　　马力和江洁夫妻在七号桌玩骰子!整个酒吧的人都一边聊天,一边竖起耳朵斜着眼睛观察七号桌。没几圈,马力输得吹了好几瓶,脸红脖子粗。

　　江洁说:"玩这么小,伟人也不行了。"

　　大家觉得不是办法,我打算找碴儿赶走那对狗男女。小玉过去坐下来,微笑着对江洁说:"那玩大点儿,我跟你们夫妻来,打'酒吧高尔夫',九洞的。"

　　"酒吧高尔夫"是个激烈的游戏。去一家酒吧,比赛的双方直接喝一瓶啤酒,加一杯纯的洋酒,叫一杆一球,喝完代表打完一个洞,然后迅速赶往下一家。九洞的意思,就是要喝掉九家,谁先完成,回到起始酒吧,就算赢了。

　　江洁盯着她,说:"好啊,就从这里开始。"接着她点了根烟,报了另外八家酒吧的名字。

　　全场哗然,我还没来得及阻拦,小玉已经咕咚咚喝完。接着她的眼睛亮起来,如同迷离的灯光里最亮的两盏。

　　小玉和江洁夫妻一起走出酒吧。所有人轰然跟着出门,我尽力凑到小玉边上,她冲我偷偷一笑,说:"你们都忘记我是东北姑娘啦。"

　　这天成为南京酒吧史上无比华丽的一页。

　　小玉坐着管春的帕萨特,抵达1912街区,从乱世佳人喝到玛索，从玛索喝到当时还存在的传奇酒吧。每次都是直接进去，经理已经在桌子上摆好酒，咕咚咚一瓶加一杯，喝完立刻走，自然有人埋单。

接着走出街区，其他五家酒吧老板闻讯赶来，几辆车一字排开。看热闹的人们纷纷打车，一路跟随。大呼小叫的车队到上海路，到鼓楼，到新街口，再回新街口。

文静秀气的小玉，周身包裹灿烂的霓虹，蹬着高跟鞋穿梭南京城，光芒万丈。

喝完一家酒吧，小玉的眼睛就会亮一点儿。她每次都站在出口，掏出一面小镜子，认真补下口红，一步都不歪斜，笔直走向目的地。

管春默不作声开车，我从副驾看后视镜，小玉不知道想着什么，呆呆地把头贴着车窗，脸红通通的。

回起点的路上，小玉突然开口，说："张嘉佳，你这一辈子有没有为别人拼命过？"

我一愣，不知道怎么回答。

小玉看窗外的夜色，说："我说的拼命，不是拼命工作，不是拼命吃饭，不是拼命解释的拼命，那只是个形容词。我说的拼命，是真的今天就算死了，我也愿意。"

她摇摇头，又说："其实我肯定不会真的死，所以也不算拼命。你看，我喜欢马力，可哪怕他离婚了，我也没法跟他在一起。我喜欢他，愿意为他做很多事情，如果我们真的在一起，我一定会要求他也这样对我。但是不可能啊，他又不喜欢我。所以，我只想做个摆渡人，这样我很开心。"

我沉默一会儿，说："真开心，开心得想X他大爷。"

畅销书案例分析

到了管春酒吧，人头攒动，小玉目不斜视，毫无醉态，轻快地坐回原位。人们疯狂鼓掌，吹口哨，大声叫好。马力的前妻不见踪影，大家喊着赢了赢了。

朋友冲进来兴奋地喊："马力的前妻挂了，在最后一家喝完就挂了。"

众人激动地喝彩，说："他妈的，打败奸夫婬妇，原来这么解气。小玉牛X！东北姑娘牛X！文静妹子大发飙，浪奔浪流浪滔滔！欢迎小玉击毙全世界的婊子！"

我问："马力呢？"

朋友迟疑地看了眼小玉，说："喝到第三家，奸夫劝江洁放弃，江洁不肯，奸夫一个人跑了。喝到第八家，江洁挂了，坐在路边哭。马力过去抱着她哭。然后，然后他送她回家了。"

酒吧登时一片安静。

小玉面不改色，又喝一杯，轻轻把头搁在桌面上，说："靠，累了。"

如果你真的开心，那为什么会累呢。

春节小玉和我聊天，说在南京工作五六年，事业没进展，存不下钱，打算调到公司深圳总部。我说，很好。

我们给小玉送别。大家喝得摇摇晃晃，小玉自己依旧没沾酒。先把马力搀扶到楼下，管春上楼继续背其他人。

马力坐在广场的长椅上，脑袋耷拉着。我看见小玉站在长椅侧后方，路灯把两个人的影子拉长。小玉慢慢抬起手，地面上她的影子也抬起手。她微笑着，让自己的影子抱住了马力的影子。

可是她离马力还有一步的距离。

她要走了，只能抱抱他的影子。可能这是他们唯——次隆重的拥抱。白天你的影子都在自己身旁，晚上你的影子就变成夜，包裹我的睡眠。

世事如书，我偏爱你这一句，愿做个逗号，待在你脚边。

但你有自己的朗读者，而我只是个摆渡人。

小玉走了。

后来，马力没有复婚，去艺术学院当老师，大受女学生追捧。但他洁身自好，坚持独身主义，只探讨艺术不探讨人生。

后来，小玉深夜打电话给我，说："听到海浪的声音没有？"

我说："听到啦，富婆又度假。"

小玉说："现在我特别后悔小时候没学点儿乐器。一个人坐在海边，如果你会弹吉他，或者会吹口琴，那就能独自坐一天。因为可以在最美的地方，创造一个完全属于自己的世界。"

她停顿一下，说："不过我发现即使自己什么都不会，也能在海边，听着浪潮，看着篝火，创造一个完全属于自己的世界。那，我有回忆。"

我有回忆。这四个字像一柄重锤，击中我的胸口，几乎喘不过气来。

小玉说："刚到深圳的时候，我每晚睡不着，想跟过去的自己谈谈，想跟自己说，摆渡人不知道乘客究竟要去哪里，或者他只是想回原地。想跟自己说，那些河流，你就别进去了，因为根本没有彼岸，摆渡人只能飘在河中心，坐在空荡荡的小船里，呆呆看着无数激流，安静等待淹没。你真傻。"

她说："即使这样，哪怕重来一遍，我也不会改变自己的选择。这些年我发现，无论我做过什么，遇到什么，迷路了，悲伤了，困惑了，痛苦了，其实一切问题都不必纠缠在答案上。我们喜欢计算，又算不清楚，那就不要算了，而有条路一定是对的，那就是努力变好，好好工作，好好生活，好好做自己，然后面对整片海洋的时候，你就可以创造一个完全属于自己的世界。"

2012年春节，我去香港做活动，途经深圳，去小玉家吃饭。小玉依旧文静秀气，说话轻声，买了很多菜，跟保姆在厨房忙活。

我坐在客厅沙发上，抬头看见一幅画，叫做《朋友》。

我说："小玉，你怎么挂着这幅画？"

小玉端着菜走进来，说："三十万买的呢，我不挂起来太亏啦。"

我说："你在里面找到自己了吗？"

小玉笑嘻嘻地说："别人的画，怎么可能找到自己。"

我笑着说："你过得很好。"

小玉笑着说："是的。"

我们都会上岸，阳光万里，路边鲜花开放。

五、相关阅读推荐

[1] 张嘉佳.从你的全世界路过[M].长沙:湖南文艺出版社,2013.

[2] 李鲆.畅销书潜规则——成就畅销书的116个细节[M].北京:世界图书出版公司,2013.

[3] 朱强,王贵苏."治愈系"作品:青年心理调适的别样途径——以《从你的全世界路过》为例[J].中国青年研究,2015(9).

[4] 沈文捷.从"80后"的全世界路过——张嘉佳的"睡前故事"解析[J].中国青年研究,2015(9).

[5] 郭慧玲.狂欢与落寞:"张嘉佳现象"的社会学解读[J].中国青年研究,2015(9).

[6] 杨兴文.站在微博的肩膀上[J].课外阅读,2014(12).

［7］冯善德.创意营销,让图书走向成功［J］.出版广角,2013(4).

［8］朱胜龙.现代畅销书的营销攻略［J］.新闻出版交流,2002(3).

［9］陈曦.警惕"另类鸡汤"——评张嘉佳《从你的全世界路过》［J］.中国图书评论,2015（12）.

［10］玄铮,王玉香.回望与共鸣:"张嘉佳现象"的心理学解析［J］.中国青年研究,2015（9）.

畅销书案例分析 9

《琅琊榜》

牟凤英

一、图书基本介绍

（一）图书介绍

书名：琅琊榜

作者：海宴

开本：16 开

字数：921 千字

定价：75.00 元（全三册）

书号：ISBN 978-7-5411-3250-6

出版社：四川文艺出版社

出版时间：2014 年 5 月

（二）作者简介

海宴，四川成都人，房产公司普通职员、中国网络小说作家、"80 后"

新锐作家、起点中文网签约作家、编剧,代表作品《琅琊榜》。

《琅琊榜》是海宴的处女作,也是她目前唯一的一部作品。2006年12月8日至2007年10月25日在起点中文网发布的小说《琅琊榜》,迅速红遍网络;2007年12月1日朝华出版社出版小说《琅琊榜》;2011年9月1日,四川文艺出版社再次出版小说《琅琊榜》;2015年9月19日,由海宴担任编剧的古装权谋剧《琅琊榜》播出。2015年11月2日,《琅琊榜》获第一届网络文学双年奖银奖。海宴凭借《琅琊榜》以800万元人民币的版税位居第十届编剧作家榜第七名。

海宴在外界眼中是"最神秘的畅销小说作者"。《琅琊榜》原著小说在网站上创下了一个个点击神话,以天价版权改编成电视剧形式搬上荧屏后又大热,但她的低调让读者仍旧无从知晓她是什么样子。《琅琊榜》电视剧播出后,原本不温不火的图书销量猛增,在出现短暂断货后出版社不断加印,而作者海宴依旧坚持"不签售""不采访"的原则,也表示没有创作新作品。就连想从网上找到一张她的近照都是难事。

海宴被粉丝们称为"海姐姐",因为不吃海鲜,她常被人讥笑失去了人生一大乐趣。这个笔名,是海鲜宴席的意思。

海宴大学时就读的是英文系,但她自小热爱文学和历史,曾立志将来读大学不上中文系,就上历史系。海宴对写作的接触开始于高中。海宴回忆,高中时有一室友爱听她讲故事,有时肚子里空了,没有故事讲就自己编,同学也听得津津有味。这段经历培养了海宴对文学创作的极大兴趣。

和一些专职网络作家不同,海宴是个上班族,在成都一家房地产公司工作。海宴将自己的生活描述为"有一群活泼、可爱的同事和朋友,每日下班,没事时就在家写稿"。与山东影视剧制作中心(简称为山影)合作过《琅琊榜》之后,她继续担任了山影另一部电视剧《他来了,请闭眼》的编剧。海宴是否会从此放弃办公室的工作转型做编剧就不得而知了。

二、畅销盛况

《琅琊榜》是海宴创作的架空历史类权谋小说,首发于起点中文网,是年度网络最佳小说,在各大小说网站拥有超高的点击率。其纸质书一经面世便销售火爆、一版再版、好评如潮,在豆瓣读书获得9.1分的高分,被誉为中国版《基督山伯爵》。

《琅琊榜》电视剧播出后,图书销量猛增,出版社一次又一次加印。由于同名影视剧热播的推动,对比影片上映前后一个月的销量,《琅琊榜》销量与之前相比增加了33倍。目前,当当网《琅琊榜》图书评论近5万条。2016年2月,《琅琊榜》入选2015年度"大众喜爱的50种图书"。

三、畅销攻略

(一) 选材视角独特

1. 它是一部充满江湖侠义的武侠小说

近些年,荧屏影视剧以宫斗剧、穿越剧为主,观众早已视觉疲劳。《琅琊榜》选材独辟蹊径,以男性复仇逆袭、争霸天下为故事主线,以魏晋南北朝时期为社会背景,故事情节紧凑,人物性格突出,蕴含忠义的传统观念,弘扬了正面、积极向上的价值观。它是一部带有玄幻色彩的历史武侠小说。体弱、不会武功,但智力超群的梅长苏,是个温润如玉的翩翩君子。他足智多谋,积极谋权划策,扶持靖王夺嫡,并且一雪多年冤屈。

在各类言情小说泛滥的今天,此书另辟蹊径,以其独特的视角讲述江湖与朝廷的多重故事。故事人物丰富饱满、文字简洁幽默、伏笔众多、悬念重重、跌宕起伏，表现了一群热血男儿之间的义薄云天，在众多小说中脱颖而出，收获了大量书迷。《琅琊榜》与《甄嬛传》的区别在于，后者是"无情"，前者又将观众的视角回归到"有情"。

《琅琊榜》是一部架空权谋类小说。小说营造了一个尔虞我诈的世界，通过主人公梅长苏的视角书写了一幕幕惊心动魄的权谋之斗。宫廷内外，无数的谜团交织在刀光剑影中，明枪暗箭中带出一段段离奇的故事。而"麒麟才子"梅长苏肩负着无数的冤魂和血泪，毅然行走于雪冤之路，巧妙地掀起了一场又一场步步为营的精彩暗战。

2. 它的最大特点是没有女主角

宫斗小说也好，武侠小说也好，女主角都是必不可少的，有时还不止一个，但这本书是个例外。故事中也有女性，但没有能对局势起决定性作用的，全篇围绕梅长苏和靖王展开。因此，《琅琊榜》被人戏谑为男基友剧情，"耽美向"作品，激发了女观众的"腐女心"。霓凰与林殊的爱情不是主线，最终也没有圆满的结局。

在《琅琊榜》中，女人不是男人的附属品，女人的成就也不需要依靠男人来实现。剧中的霓凰、般若、夏冬都不具有依附男人生存的意识。这一理念是符合当今社会潮流的。在当今社会，女人更需要树立自立和自强的观念。

3. 具有不拘一格的宏大气场

这是个非凡的故事。目前，市场上不少朝廷争斗或后宫斗争的小说，不可否认，那些明争暗斗的情节确实惊心动魄引人入胜，但看完之后脑海中除了人性的丑恶、相互倾轧逐利之外，就没有别的了。不仅如此，那些为了利益赤裸裸的攻讦、陷害和背叛还常常对人产生消极负面的影响。但

《琅琊榜》虽然这也是个以"权谋""算计""宫廷斗争"为标签的小说，可是那权谋所指向的目的却让我们感到明亮，让我们相信这世上还是还有所谓的"天下""正义""事实"。这个故事传递给我们的是无限温暖和美好的力量。

梅长苏本远在江湖，却名动京城。江湖传言："江左梅郎，麒麟才子，得之可得天下"。京城之内、朝堂之上，太子和誉王为夺嫡而势如水火，梅长苏便成为了两人争相招揽的对象。然而，令人惊讶的是，享有江湖至尊地位的梅长苏却是一个病弱青年、弱不禁风，背负着十多年前巨大的冤案与血海深仇，就连身世背后也隐藏着巨大的秘密。他假借养病之机来到京城，却选择了帮助最不受青睐的靖王，从此踏上复仇、雪冤与夺嫡之路。

梅长苏是注定被牵扯其中的当局者，也是始终保持着一颗清晰头脑的旁观者。宫廷内外，所有人的心思他都能一眼看穿。虽然作为一个清高之人，并不齿于玩弄权术，但他为了一个不能说的秘密不得不让自己深陷波谲云诡之中。京城并不是他首次涉足的地方，他的归来肩负着无数的冤魂和血泪，在这条复仇之路上，掀起了一场步步为营的残酷暗战。

昔日的故人、往日的回忆、巨大的冤仇交织在一起，他于重重迷雾中拨云见日。然而，正当黎明即将到来之际，殊不知新的危机就在眼前，面对往日熟悉的战场，一股昔日豪情涌上他的心头。两年的翻云覆雨，虽已换了江山，但唯一不变的是一颗赤子之心，永生不死。

4. 没有烂俗的爱情桥段

《琅琊榜》令人惊艳的另一个很重要的原因是，故事里没有烂俗的爱情桥段。几乎每个男人都是有担当、有豪气、有智慧，坚忍不拔，虽百折不可磨其志的真正的"男人"。即使如谢玉之流，虽然他的卑劣让人厌恶，但成王败寇、愿赌服输，不甘于女人的荫蔽，不屑自刎以逃避，也有真男人的气概。

《琅琊榜》讲的不是卿卿我我的小儿女情怀，而是义薄云天的复仇夺嫡的大胸怀。关乎忠义、关乎友谊、关乎信任，却唯独不关乎爱情。

这个世界上不是只有爱情的。爱情一直以来都是小说惯用的话题，以爱情故事引人入胜，已经被用烂了。像《琅琊榜》这种敢于跳出小儿女情怀，描写男人侠义的作品实在不多。

《琅琊榜》没有矫揉造作的无病呻吟，没有烂俗的爱情桥段，无关风花雪月和你侬我侬的生死相随，有的是虽百折不可磨其志的赤胆枭魂，一段雪夜薄甲逐敌千里的传说。《琅琊榜》唤醒了深藏在我们心中的期待，期待至纯至善的友情，期待披肝沥胆的忠诚和信任。《琅琊榜》告诉我们，我们所追随和希冀的信仰，不是排他自私的爱情，不是功名利禄，也不是倾轧权谋；其实有更多值得珍惜的所在，譬如朋友，譬如信念，譬如被视为幼稚和不切实际的正义和理想。林殊目之所及，是如诗如画的河山，是生命最初的美好，是灵魂深处的安然。

《琅琊榜》很耐看，读者每次看都会有不同的感受。但不管看多少遍都会为那样的热血、那样的豪情、那样的友情、那样的知己而感动不已，仿佛总是看不够。书中一直弥漫的高才雅量、霁月光风之胸怀令人向往。

（二）内容质量过硬

1. 编校质量精良

在《琅琊榜》的百度贴吧里，一位粉丝将原著小说三个版本的不同开头全部贴出来。之所有三个开头，因为这部小说最早在起点中文网上连载，2007年朝华出版社出版了《琅琊榜》第一部；2011年海宴写完第二部，四川文艺出版社出版了该书的第一部和第二部的合集；2014年，《琅琊榜》第三部完成后，四川文艺出版社出版了全新修订版《琅琊榜》。这每一次出版并不只是增加一部新作品，海宴对已经出版的部分也都做了幅度不小的修改。电视剧是根据最后一个版本改编的，这也是不少原著粉丝的要求。

2014年，四川文艺出版社出版的《琅琊榜》分为上、中、下三册，由作者历时数月精益求精，一字一句亲笔修订。同时，白马时光图书与四川文艺出版社六编六校，堪称校对质量最高的版本。全书分上、中、下三册，排版疏朗，字体美观，非常易于阅读。随书赠送的电视剧精美剧照卡册一经在网上曝光，读者们直呼"大爱"。《琅琊榜》实体书一经面世便销售火爆、一版再版、好评如潮，更在豆瓣读书获得了9.1分的高分。

2. 从讲故事的手法来说，作者对节奏把握得非常好

作者故事的后半部分进度和节奏把握得很到位。卫铮向景琰细述当年惨案真相、景睿同莅阳公主看谢玉手书、莅阳公主金殿鸣冤，这三个部分海宴并没有过多的渲染和煽情，但这种克制的写法却将故事悲怆的感觉更推进了一步。

3. 人物刻画非常丰满和立体

对人物的刻画，作者运用了侧面描写的手法。对林殊的描写，基本上没有对他过去的直接描写，但是通过旁人回忆的侧面烘托方式却达到了更加令人震撼的效果。另一个很出彩的角色就是蔺晨，他的正面出场只占整本书的四分之一左右。海宴只用了一条主线就将所有的情节人物甚至他们的前世今生给串了起来。蔺晨在这条线索中占的分量并不重，可是通过旁人的视角，海晏已经将他的个性勾画得淋漓尽致了，因而后文他的正面出场丝毫不显突兀，同时前文的渲染已经让读者对他产生了很浓厚的兴趣，造成了完美的悬念。同时，作为主角的林殊，对他的过去却从来没有正面描写过，一则是因为单线条的叙事方式不适合用在"回忆"上；但更多地

是作者在留白，将很多的想象空间还给读者，就在这种意犹未尽中留下更深的迷恋和触动，而在这个故事中，还平添了一分怆然和唏嘘。

4. 作者善于埋伏笔

这也是这个故事的一个精彩之处，前文为后文设伏，看到后面不自觉又会回到前篇追寻蛛丝马迹。在这个故事里，我觉得最精彩的伏笔是与庭生相关的内容，其中又以结尾的"风起"让人欲罢不能，高湛说"皇宫里的风从来都没有停过"，结合前文林殊所言希望景琰能让庭生远离皇室的文字，不免让人生出些"这是在为下一个故事做引"的想法。

5. 故事结构清晰，情节引人入胜

整部小说脉络清晰，节奏不紧不慢，设伏笔一点点揭露十三年前的真相，引发读者的好奇心理，故事情节引人入胜，出人意料，又在情理之中。整体构架和布局，相当完整周密，环环相扣，不是常见的网络小说那种疏漏散乱、写到哪里算哪里的结构，也没有挖坑不填、让人吐血的结局。全文惊心动魄、构思精妙、情节波澜起伏、气场宏大，谋略智慧层出不穷；善于在细节处刻画人物内心，兄弟情义肝胆相照，极具正能量。因此，《琅琊榜》能够在众多网络小说中脱颖而出。

《琅琊榜》在网上连载以来，引起了网友强烈的关注，故事情节环环相扣，梅长苏智商碾压，复仇之路荡气回肠，被评为架空历史类年度网络最佳小说，持续位居起点中文网排名榜首。

（三）作为一部网络小说，粉丝基础雄厚

海宴于2006年在起点中文网开始连载《琅琊榜》，引起网友热捧，持续位列起点中文网榜首。因此，《琅琊榜》拥有大量粉丝，出书后，粉丝又转化为实实在在的读者。

许多粉丝在期待电视剧上映时，迫不及待地想要开始阅读纸质书。还有许多粉丝在看电视剧的同时阅读纸质书，对比其相似度和差异。许多粉丝在看完电视剧之后，买来《琅琊榜》原著小说阅读。还有的读者购买纸质书收藏或送给亲朋好友，分享给更多的人阅读，纸质书的确可作为馈赠礼品。纸质书与网上连载相比，质量更高，消灭了错别字等硬伤，内容完整，无须面临网上广告和垃圾信息泛滥等苦恼。

网络小说粉丝基础雄厚，这是网络小说出版纸质书与其他纸质书相比的优势所在。因此，《琅琊榜》与其他普通畅销书相比，在出版纸质书之前就具有众多的粉丝。

（四）IP开发改编为电视剧，电视剧热播的带动效应

近年，"IP热"现象持续升温。位居产业链最顶端的IP（知识产权），不但拥有庞大粉丝群和超高话题热度，而且在影视、游戏等领域均具备极强的可塑性，这为后续的电影电视剧、戏剧音乐、游戏产品开发提供了盈利保证。

在如今这个缺少好编剧，缺少好剧本的时代，优质网络文学作品具有巨大的价值。网络文学作品可以丰富剧本资源，提供新鲜的改编素材。网络文学拥有大量受众群体，可为网络文学改编剧提供强有力的收视率保障。在多媒体融合的背景下，专业文学网站与影视制作公司相互配合协同营销，有助于改编剧的宣传推广。

《琅琊榜》作为网络小说在网上大火后，其影视改编权被山东影视传媒集团购得，被改编为同名电视剧，由作者海宴担任编剧。作为《琅琊榜》的原著作者，编剧海宴透露，从剧本的创作到完成初稿，整整耗时6个月。而在筹拍过程中，她又不断地修改以求完美。虽然电视剧版《琅琊榜》免不了与原著细节有所出入，但为了保留原著精髓，作者严格把关，"故事的

构架、人物的设定和剧情的走向没有大的更改。我会删减一些支线，同时对主线有所填充，大家最关心的梅长苏的结局依然保留。我想，按我个人的标准，与原小说相比，还原度至少在80%以上"。

《琅琊榜》是本不可多得的好书。该小说被改编成电视剧，由胡歌、刘涛、王凯等当红知名演员参演。他们既有颜值又有演技。该剧以平反冤案、扶持明君、振兴山河为主线，讲述了"麒麟才子"梅长苏才冠绝伦、以病弱之躯拨开重重迷雾、智博奸佞，为昭雪多年冤案、扶持新君所进行的一系列斗争。梅长苏在国仇家恨、兄弟情义的漩涡中见招拆招、游刃有余，奏出了"江左梅郎"赤子之心下的一曲慷慨悲歌。

《琅琊榜》电视剧演员颜值高，演技到位，制作团队精良，画面精美堪比电影，播出后获得了观众的一致好评，被称为"良心剧"。一部影视剧的热播，带动的大众消费热情往往会对同名图书形成巨大的促销作用，已经是公认的出版现象。热门影视剧前期宣传和上映后带来的口碑效应，不但会带动原著图书的销量逆袭，甚至会催生新出版物的发行。

（五）四川文艺出版社采取了积极的宣传营销策略

《琅琊榜》两个版本此前的市场表现平平。但在2015年秋天，因为同名电视剧的热播拉动，《琅琊榜》成为各个渠道的紧俏品种，发货量连续两个月居于该社第一位。剧集开播前一年，该社在与各渠道的营销沟通会上，都将《琅琊榜》作为重点产品推介。播映前一个月，特别制作相关海报、长图，根据剧集调整网店信息，编写相关花絮，关联原著发自媒体等，争取最大程度宣传。

《琅琊榜》纸质书随书附赠精美剧照卡册，对读者购买纸质书有很大吸引力。电视剧的热播带动了图书的销售，使图书销量猛增。《琅琊榜》的IP开发很成功，从网络小说到纸质书出版再到改编为电视剧，一系列环节下

✱ 畅销书案例分析 ✱

来，极大地提升了《琅琊榜》的人气。《琅琊榜》位居亚马逊"2015 上映影视剧原版图书畅销榜"前十名。

四、精彩节选阅读

  穆王府的车队辘辘远去，未几便只余一抹烟尘，在隆冬冷硬的空气中渐淡渐沉。

  离开避风的岩壁，被前方谷地挤压加速过的寒风立即擦地而来，将梅长苏的满头乌发吹得在空中翩飞翻卷。

  随侍在旁的那名中年护卫立即走了过来，想为他把斗篷的头兜戴上，却被那双冰凉的手轻轻推开。前方是一处舒缓的坡地，草痕早已掩于积雪之下，稀疏的几棵树零星散栽着，也是枯枝瑟瑟，分外萧索。梅长苏看着坡地那边隐隐露出的一角衣裙，伸手抚开被风吹得贴在脸上的发丝，快步沿坡地而上，一直走到最高处，方才慢慢凝住了脚步。

  寒枝残雪之下，霓凰郡主迎风而立，一袭玉色披风猎猎作响，更显出这位南境女帅不畏风寒的凛凛气质。

  梅长苏并没有想到郡主会来，但既然她已经来了，他也没有想过要避开。

  那曾经是他的小女孩，无论她现在是怎样的威风赫赫，无论她的爱情已归于何方，都不能改变当年最质朴纯真的情谊，不能改变他对她所怀有的愧疚和怜惜。

  听到梅长苏的脚步声，霓凰郡主侧过俏丽的面庞，向他露出一个柔和的笑容。

  自那日武英殿外分手，两人便再没见过。可是该说的话早已托夏冬传了过去，以霓凰的高傲性情，要么是两相决绝，要么是默然等待，当不会如一般小儿女样，猜疑多虑，纠缠追问。

所以梅长苏猜不透霓凰为什么要特意趁此机会，出城来与自己见面。

"苏先生，好久不见，近来可安康？"第一句话，永远是客套和寒暄，是令人倍感疏远的礼数。

"托郡主的福，一切还好。苏某前不久新迁蜗居，收到贵府厚礼，却一直未能登门致谢，还请不要见怪。"

"先生客气了。"霓凰迈步走近，掐云的鹿皮小靴，束腰绿云甲，整个人神采奕奕，英姿飒爽，仿佛来京后诸多烦恼委屈，都不曾有半点萦于她的心上。

梅长苏不由展颜而笑，赞道："豪阔宏量，霁月光风，郡主可当此八字。"

"怎比得先生才深似海？"霓凰朗朗一笑，"连周老先生都为你移驾，江左盟的实力，实在是深不可测。"

"不过都是些江湖落拓之士，有缘相逢，才结成此盟罢了。"梅长苏看了郡主一眼，不忍让她先开口，自己直接将话题带入重点，"我盟中以义为先，并不过分拘管下属，所以……他不能来京城，并非有所禁令，确是事出有因……"

"我并不想问这个，"霓凰坦然地迎视着他的眼睛，双眸亮如晨星，"我知道他为什么不能来。"

"你知道？"梅长苏略略有些意外，"你的意思是说……"

"他当年远赴云南助我，殚精竭虑挽回危局，南境上下对他都钦敬莫名，所以尽管我们很快就看出他易了容，也没有人试图去刺探过他的真貌。"

梅长苏垂下了眼帘，心中已隐隐猜到了她接下来要讲的话。"……后来我们渐生情意，可他却总是想要逃避和拒绝，我问了他很多次，他都不肯说为什么，直到最后，他被逼问得紧了，才让我看了他的真实容貌。"

"嗯……"梅长苏神色淡淡，将手指收入了袖中，"看了之后呢？"

"开始只是觉得面熟，多看几眼，多想了一会儿，便想出了他是谁……"霓凰郡主的唇边虽然一直保持着一抹微笑，但眼睛里却涌起痛苦的气息，"他是你江左盟的人，你应该也知道他的真实名字，对吗？"

梅长苏面无表情地点了点头，"是，我知道。"

"那你说说看。"

"聂泽，赤焰叛军诸将之一，如果有人发现他还活着，他就是朝廷钦犯。"

"那么，"霓凰深深地看着他，眸色烈烈，"你吸纳这样一个人在江左盟，是真的想要收留庇护他，还是打算以后准备利用他？"

梅长苏缓缓向前走了几步，扶住一棵半枯的老树，惨然一笑："我当然是要利用他，江左盟冒那么大的危险收留朝廷钦犯，恐怕不是为了要积功德吧？"

霓凰郡主柳眉一扬，粉面上突闪煞气："你此话可当真？"

梅长苏转过头来，黑幽幽的瞳孔乌亮如同宝石一般，稳稳地凝在郡主的脸上，"当真又如何？"

"你若当真，我就一定要带走聂泽，即使倾我穆王府全力，也要护他周全。这不仅仅是因为我自己对他的情意，更是为了报答他当初稳我南境危局，救我万千将士的恩情。"

一抹混杂着忧伤、感动、欣慰、怅惘的笑容浮起在梅长苏的唇边，他锁住了霓凰的视线，轻轻摇了摇头，"你是郡主，他是叛将，如何名正言顺的结合？皇帝陛下怎么会同意你下嫁给一个来历不明的江湖浪子。更何况，既然你认得他，自然就有旁人认得他，你难道要让他一辈子，就这样易着容甚至毁了容待在你的身边吗？"

霓凰猛地咬住了下唇，将脸侧向了一边，倔强地不愿让人看到她脆弱的表情："不这样又能怎样呢？自从我知道他是聂泽之后，我就明白我们的未来不会平顺。我曾经希望他能假造一个身份参加这次择婿比武，希望他一关一关地闯到我面前来，可是直到最后，他也没有出现……有多少次我看着你，想要问你他到底是怎么想的，却又害怕他只是隐在江左盟里藏身，而你并不知道他到底是什么人。直到后来你托夏冬姐送信，我才确认你是知道他的身份的，因为他连我们之间的事都告诉了你，应该对你就已经没有任何隐瞒了。"

"你说的没错，"梅长苏的音调极其平稳，仿佛带着一种抚慰人心的魔力，"聂泽很信任我，他对我而言没有秘密，而我对他也是一样。我现在希望你也能同样的信任我，我会尽我所能，让你们可以堂堂正正地站在一起，可以在迎凤楼上举行你们的婚礼，没有面具，没有伪装，用真实的名字，坦然地接受任何人的祝福……"

"这怎么可能？"霓凰难以置信地睁大了眼睛，"除非赤焰军可以平反，否则这绝对只是一场无法实现的幻梦。"

"事在人为，"梅长苏冷冷道，"难道你相信赤焰军真的是叛军吗？"

霓凰后退了一步，香肩微微发颤，"我不知道……当时我还小……我只知道自己认识的那几个人，是绝对不会背君叛国的……但现在说这个有意义吗？铁案已定，太子和誉王谁都不会给赤焰军平反的，因为这桩旧案原本就是他们最得意的一个杰作啊！"

"是的，太子和誉王谁也不会给赤焰军平反，"梅长苏的目光定定地投向前方，肌肤下似乎渗出了丝丝寒意，"但也没人想过要指望他们。……为了达到这个目的，其实只有一条路好走。"

霓凰的樱唇剧烈地抖动了一下，面色乍白之后又突转潮红，一些原来模糊不清的东西渐渐从迷雾中显现出轮廓，结论已经呼之欲出。

"靖王……你……你想扶持的是靖王……"

面对梅长苏的默然不语，霓凰的脑中有一瞬间的空白。但毕竟是历经沙场的女将军，她只深吸了几口气，便快速地稳住了自己的情绪，镇定了下来。

"你说的对，的确只有靖王才能……"霓凰郡主抿住朱唇，在原地踱了几步，"可是太难了……实在太难了，一个不小心，就是踏入死地，再也不能回头。"

"谁会想要回头呢？"梅长苏淡淡道，"以后你也许可以问问聂泽，他可曾有片刻想过回头？"

"聂泽他不一样啊，他是赤焰旧人，是为了洗刷自己的冤屈，可是你……"霓凰梗了一下，仿佛突然间意识到了什么，"你……你又是谁？你为什么要为了赤焰军的旧案，冒如此大的风险？"

五、相关阅读推荐

[1] 李嘉慧,赵霖琳.浅析网络文学改编剧《琅琊榜》的成功因素[J].视听,2015(12).

[2] 赵晓玲,张倩.电视剧《琅琊榜》热播原因探究[J].大众文艺,2015(12).

[3] 沈子元.《琅琊榜》:古代历史剧的新探索[J].中国电视,2016(1).

[4] 许明星.剧网融合时代的"线性营销"——热播剧《琅琊榜》的借势效应分析[J].声屏世界,2016(3).

畅销书案例分析 10

《皮囊》

诸葛寰宇

一、图书基本信息

（一）图书介绍

书名：皮囊

作者：蔡崇达

开本：32 开

字数：146 千字

定价：39.80 元

书号：ISBN 978-7-2010-8894-5

出版社：天津人民出版社

出版时间：2014 年 12 月

（二）作者简介

蔡崇达，泉州晋江人，作家、媒体人、创业家，国内非虚构写作的践行者,"南方国际文学周"联合发起人;曾任职于《新周刊》《三联生活周刊》,24岁担任《周末画报》新闻版主编,27岁任《GQ》中国版报道总监,现任《中国新闻周刊》主编;2013年创办男装品牌"单农",已成为国内最具艺术质感男装品牌;首部作品集《皮囊》于2014年12月上市。

  蔡崇达是闽南人,昵称"黑狗达",16岁获得全国创新作文大赛一等奖,18岁考入泉州师院,大三时破格被某媒体聘为深度新闻周刊的主编。

  蔡崇达2004年毕业,先后在《中国新闻周刊》《新周刊》《三联生活周刊》《生活》月刊《周末画报》工作并任主编之职,也曾担纲央视汶川地震专题纪录片策划及撰稿工作,并与白岩松合作《岩松看美国》系列节目。

  蔡崇达27岁任《GQ》中国版报道总监,为全球17个国家版本的《GQ》最年轻的报道总监。作为媒体人的蔡崇达,是中国新闻业的最佳特稿作者,其新闻作品曾获得《南方周末》年度致敬最佳报道奖、亚洲出版协会特别报道大奖,以及德国《德意志报》颁发的"中国年度特稿奖"。

二、畅销盛况

  《皮囊》作为2015感动百万读者的国民读本,上市一个月加印5次并获得新浪中国好书榜"年度新锐图书",销量已达50万以上。

  此书由韩寒特别监制,刘德华、李敬泽作序,白岩松、刘同、蒋方舟、阿来、阎连科、张晓龙倾情推荐,献给内心漂泊无依的读者。

  蔡崇达用人物肖像画的方式,客观、细致、冷静地讲述了一系列刻在骨肉间的故事,平实的文字串联出了一个福建渔业小镇上的风土人情和时代变迁。他在温情而又残酷的故事讲述中,阐述了对父母、家乡的缅怀,对朋友命运的关切。文集风格沉稳,表达了这一代理想膨胀却又深感现实骨感而无处安身的青年人,对自己命运的深切思考。关于亲人、关于故乡,真挚而暖心。

此书中收录有《皮囊》《母亲的房子》《残疾》《重症病房里的圣诞节》《我的神明朋友》《张美丽》《阿小和阿小》《天才文展》《厚朴》《海是藏不住的》《愿每个城市都不被阉割》《我们始终要回答的问题》《回家》《火车伊要开往叨位》14篇作品。

这14篇散文作品，记录了他与故乡、家人和好友的故事，有读者评价"每一篇都是一颗催泪弹"。

其中，《皮囊》一文中的阿太，是一位99岁的老太太，是个没文化的神婆。但她却教给作者具有启示力量的生活态度："肉体是拿来用的，不是拿来伺候的。"

在《母亲的房子》里，母亲想要建一座房子，一座四楼的房子，因为"这附近没有人建到四楼，我们建到了，就真的站起来了"。为了房子，她做苦工、捡菜叶，拒绝所有人的同情，哪怕明知这座房子不久后会被拆毁，只是为了"这一辈子，都有家可归"。

而《残疾》里的父亲，他离家归来，他病了，他挣扎着，全力争取尊严，然后失败，一生为孩子，最后离去。父亲被照亮了，被怀着厌弃、爱、不忍和怜惜和挂念艰难地照亮。就在这个过程中，作者长大成人。自"70后"起，在文学书写中，父亲的形象就失踪了。而蔡崇达的书里，这个形象重新出现了。

一部有着小说阅读质感的散文集，也是一本"认心又认人"的书。

三、畅销攻略

（一）名人效应

此书由韩寒特别监制，刘德华、李敬泽作序，白岩松、刘同、蒋方舟、阿来、阎连科、张晓龙倾情推荐，让书和作者镀上一层金闪闪的外表；推荐语中这样写："这是一本认人又认心的书，还是一本有小说质感的散文集。"

韩寒为了促成本书邀约三年，他说："我会将这本书带上旅途，在每个静谧陌生的夜晚拿出来慢慢看。这本书他写了很久，我希望自己能读得更久。慢一些，不争一些，也许得到更多，到达更快。"同为"80后"作家的蒲荔子则认为，蔡崇达是他了解的年轻作家中极少能洞悉世道人心的作者，"他的个性、经历和思考的习惯，似乎使他本能地对世俗生活有敏锐的感受和深刻的见解。这本书只是他把对生命和生活的洞见，用讲故事的方式叙说出来；在非虚构式的冷静笔触背后，是那个真切、动人和热忱的人。"

媒体人白岩松则说："他不写遥远的世界与远方的别人，而是在自省中退回到内心，真正直视我们需要共同面对的问题。"

刘德华在序言中把蔡崇达和《皮囊》视为他生命中的一盏明灯，"视人生无常曰正常，或许是顿悟世情，也可能是全心冷漠以保持事不关己的距离，自我保护；看崇达敞开皮囊，感性分陈血肉人生，会不自觉卸下日常自甘冷漠的皮囊，感同身受，因为其中有普通人就会有的阅历或感悟，所以共鸣。凡尘俗世，谁不是普通人？"

文学评论大家李敬泽认为《皮囊》是一本认心、认人的书，"我不能肯定这本书是什么，我甚至不能肯定它是小说还是自传，但我知道它不是什么，它不轻松、不愉快、不时尚，甚至也不文学——文学没有那么重要。比起生活、比起皮囊、比起心，文学是轻的。"

阎连科认为，《皮囊》用最为简洁，甚至不畏人们议为简陋的直接，那么坚定地走向自我、他人、回忆和当下，使这种新生的"非虚构"写作的林地里，又兀自展现这么一片（棵）完全与众不同、可读可思、独具样貌的林木来。

❈ 畅销书案例分析 ❈

阿来评价说，蔡崇达的《皮囊》是当下的非虚构写作潮流中的一个惊喜。这个书名具有指向本质的意味。他对故乡和亲人的深情，用一种客观、细致、冷静的方式叙说出来，讲述一个又一个生命的故事。这些生命他太过珍惜，所以要如此完整而清晰地呈现给我们，直接的情感抒发则被认为是一种打扰。从书中可以读出作者的同理心、开阔度和思考力，以及闽南这块土地给予他与生俱来的信仰和坚韧的性格。

作家韩松落则解读说，这个故乡、这样的父亲和母亲，以及这些经验，解释了文字世界里的蔡崇达，不论是在那些近乎鸿篇巨制的特稿里，还是在散文和小说里，他所持有的那些标准，都是古典的、有秩序的、凝练的、深情的、神性的，而不是碎片的、表面的。他试图企及的，是古典时代作家们所拥有的那种"整理世界"的能力，一种分类、看透、浓缩、发散、重塑、预知的能力，像伍尔芙说艾米莉·勃朗特所说："她放眼身外，但见世界四分五裂、陷入极大混乱，自觉有力量在一部书里将它团在一起。"

（二）社会热点

"独在异乡为异客，每逢佳节倍思亲。"背上行囊，远离家乡，一个人独自在外工作生活，这样的年轻人在中国并不少见。当他们长大后，踏上火车的那一刻才意识到，从此，故乡只有冬，再无春夏秋。

但当听着窗外的鞭炮声，看着春节联欢晚会里的主持人拜年，闻着隔壁家的饭香。顿时会让人感觉，此时此地如此冷冰冰，如此孤独。外面再繁华，都不如家乡的风景。外面的饭菜再好，都不如爸妈做的可口。外面的同事再关心，都不如穿开裆裤一起长大的小伙伴们让人感到温暖。

作为一本新生的非虚构作品，《皮囊》的眼光依然不能免俗地瞄准故乡，然而却写出了故乡不复存在的吊诡质感。蔡崇达曾说，借着此书，他得以告别父亲，重回心灵中的故乡。本书获得"2014年度新浪中国年度新锐图书"称号。

　　蔡崇达的《皮囊》也写了实有的故乡，写了亲人，例如阿太、母亲和父亲。读崇达笔下的母亲，会令人想起井上靖的《记我的母亲》，其中不仅有亲情常理，而且突破了亲情常理。开篇《母亲的房子》第一句就出离常理："母亲还是决定要把房子修建完成，即使她心里清楚，房子将可能在半年或者在一年后被拆迁掉。"有时候，文学叙事的轨道就是出轨。虽然《皮囊》是非虚构作品，但作为一种叙事艺术，其逻辑是一样的。只有出轨，才能突破厚厚的遮蔽，抵达灵魂。家里明明没什么钱，父亲还病着，母亲为什么偏要建房子？

　　"你父亲生病前就想要建房子，所以我要建房子。"这是她的理由。

　　"但父亲还需要医药费。"

　　"我要建房子。"她像商场里常看到心爱的玩具就不肯挪动身体的小女孩，倔强地重复她的渴望。

　　我点点头。虽然明白，那意味着"不明来路"的菜叶还需要吃一段时间。

　　但理由不仅于此，更深层的原因是："好几次一些亲戚远远见到我们就从另一个小巷拐走，和母亲去祠堂祭祀时，总有些人都当做我们不存在。""我知道这房子是母亲的宣言。以建筑的形式，骄傲地立在那。"

　　闽南有首名闻大江南北的歌，叫《爱拼才会赢》。为什么要拼？为了赢吗？赢什么？固然是要赢得物质利益，但更重要的是赢得尊严。闽南人爱面子，母亲这爱面子简直到了不理性的地步。但这不理性里有更深的情，在母亲这里，就是对整个家的尊严的维护，当然作为儿子的崇达并不需要。但不需要也得服从，吃"不明来路"的菜叶也只能接受，直到长大后懂得包容母亲了，才有了这些文字。

(三) 文本自身魅力

《皮囊》是蔡崇达首部散文集，这部有小说阅读质感的散文集，也是一本"认心又认人"的书。

蔡崇达的写作是静水流深的。在首部作品集《皮囊》中，他以真诚炙热的感情、圆润浑厚的语言、温柔可亲的笔触，书写自己的故事，讲述自己的生活，也在剖析自己的灵魂。

他践行的是一种非虚构的写作，毫不掩饰地把所有的思想托付给有血有肉的文字，像山涧清泉般在我们面前缓缓流动，告诉我们他是如何一路走来，又将走往何处。

他不仅用行动诠释了文学的终极意义，还用生命演绎成长的困惑、生活的喜悲、情感的永恒，深深打动读者，引人掩卷深思。

蔡崇达的文字，其实就像城市里的书店，不矫揉造作，只是静水流深，饱含深沉的情感。它在不停地观察、思考、融会贯通，再以朋友的姿态出现，与你进行直达内心的深度接触。

四、精彩节选阅读

皮囊

我那个活到 99 岁的阿太——我外婆的母亲，是个很牛的人。外婆五十多岁突然撒手，阿太白发人送黑发人。亲戚怕她想不开，轮流看着。她却不知道哪里来的一股愤怒，嘴里骂骂咧咧，一个人跑来跑去。一会儿掀开棺材看看外婆的样子，一会儿到厨房看看那祭祀的供品做得如何,走到大厅听见有人杀一只鸡没割中动脉,那只鸡洒着血到处跳,阿太小跑出来,一把抓住那只鸡,狠狠往地上一摔。

鸡的脚挣扎了一下,终于停歇了。"这不结了——别让这肉体再折腾它的魂灵。"阿太不是个文化人,但是个神婆。所以讲话偶尔文绉绉。

众人皆喑哑。

那场葬礼,阿太一声都没哭。即使看着外婆的躯体要进入焚化炉,她也只是乜斜着眼,像是对其他号哭的人的不屑,又似乎是老人平静的打盹。

那年我刚上小学一年级,很不理解阿太冰冷的无情。几次走过去问她,阿太你怎么不难过。阿太满是寿斑的脸,竟轻微舒展开,那是笑——"因为我很舍得。"

这句话在后来的生活中经常听到。外婆去世后,阿太经常到我家来住,她说,外婆临死前交代,黑狗达没爷爷奶奶、父母都在忙,你要帮着照顾。我因而更能感受她所谓的"舍得"。

阿太是个很狠的人,连切菜都要像切排骨那样用力。有次她在厨房很冷静地哎呀喊一声,在厅里的我大声问,阿太怎么了?"没事,就是手指头切断了。"接下来,慌乱的是我们一家人,她自始至终,都一副事不关己的样子。

病房里正在帮阿太缝合手指头,母亲在病房外的长椅上和我讲阿太的故事。她曾经把不会游泳的、还年幼的舅公扔到海里,让他学游泳,舅公差点溺死,邻居看不过去跳到水里把他救起来。没过几天邻居又看她把舅公再次扔到水里。所有邻居都骂她没良心,她冷冷地说:"肉体就是拿来用的,不是拿来伺候的。"

等阿太出院，我终于还是没忍住问她故事的真假。她淡淡地说："是真的啊，如果你整天伺候你这个皮囊，不会有出息的，只有会用肉体的人才能成才。"说实话，我当时没听懂。

我因此总觉得阿太像块石头，坚硬到什么都伤不了。她甚至是我们小镇出了名的硬骨头，即使九十多岁了，依然坚持用她那缠过的小脚，自己从村里走到镇上我老家。每回要雇车送她回去，她总是异常生气："就两个选择，要么你扶着我慢慢走回去，要么我自己走回去。"也因此，老家那条石板路，总可以看到一个少年扶着一个老人慢慢地往镇外挪。

然而我还是看到阿太哭了。那是她92岁的时候，一次她攀到屋顶要补一个窟窿，一不小心摔了下来，躺在家里动不了。我去探望她，她远远就听到了，还没进门，她就哭着喊，我的乖曾孙，阿太动不了了，阿太被困住了。虽然第二周她就偃蹇地想落地走路，然而没走几步又摔倒了。她哭着叮嘱我说，要我常过来看她，从此每天依靠一把椅子支撑，慢慢挪到门口，坐在那，等一整天我的身影。我也时常往阿太家跑，特别遇到事情的时候，总觉得和她坐在一起，有种说不出的安宁和踏实。

后来我上大学了，再后来到外地工作，见她分外少了。然而每次遇到挫折，我总是请假往老家跑——一个重要的事情，就是去和阿太坐一个下午，虽然我说的苦恼，她不一定听得懂，甚至不一定听得到（她已经耳背了），但每次看到她不甚明白地笑，展开那岁月雕刻出的层层叠叠的皱纹，我就莫名其妙地释然了许多。

知道阿太去世，是在很平常的一个早上。母亲打电话给我，说你阿太走了。然后两边的人抱着电话一起哭。母亲说阿太最后留了一句话给我："黑狗达不准哭。死不就是脚一蹬的事情吗，要是诚心想念我,我自然会来看你。因为从此之后,我已经没有皮囊这个包袱。来去多方便。"

那一刻才明白阿太曾经对我说过的一句话,才明白阿太的生活观:我们的生命本来多轻盈,都是被这肉体和各种欲望的污浊给拖住。阿太,我记住了,"肉体是拿来用的,不是拿来伺候的。"请一定来看望我。

海是藏不住的

我六岁的时候,才第一次看到海。虽然,我是海边的孩子,而且我的父亲,就曾是一名海员。

那次看到海,是到外祖母家的路上。沿着乡间的小路,跟在母亲的身后走,总感觉,怎么路边的甘蔗林那总传来明晃晃的亮光。我趁着母亲不备往那边跑,这才看到海。

追来的母亲气急败坏。她说,你父亲不让你知道海的,就怕你觉得好玩自己跑来了,担心万一有个三长两短。其实父亲担心的不仅这个。回到家里,我父亲郑重地和我说:"我小时候就是老觉得海边好玩、船上生活好玩,这才过上后来的生活。但海上太苦了,我希望你在镇上的中学读好书,不要再做和这相关的工作。"

东石,我生活的这个小镇,或许太多像我父亲那样的人。十几年来,镇区发展的方向,一直往反方向滋长,整个小镇在集体逃离那片曾带给他们乐趣和磨难的海洋。然而这片试图被父母藏住的海,却因父母的禁止,而越发吸引我。

再次去拜访外祖母的路上,我突然放开步子往甘蔗林那边冲,母亲气恼地追我，把我追急了，竟噗通往那一跳，海水迅速把我淹没了，那咸咸的海水包裹着我，把我往怀里搂。我看到，这海水之上那碎银一样的阳光，碎银铺满我的瞳孔，醒来的时候，已经在医院的病床上。

海是藏不住的。父母因为自己曾经的伤痛和自以为对我的爱护，硬是要掩饰。我因而听到海浪声，以为是风声；闻到海腥味，以为是远处化工厂的味道。然而，那庞大的东西还一直在涨跌着，而且永远以光亮、声响在召唤。我总会发现的，而且反而因为曾经的掩饰，更加在意，更加狂热。

那次被水淹后，父亲却突然带我去航行。那真是可怕的记忆，我在船上吐得想哭都没力气哭出声，求着父亲让我赶紧靠岸。从那之后，我不会疯狂地往海边跑，然而也没惧怕海，我知道自己和它相处的最好方式是什么。那就是坐在海边，享受着这海风亲昵的抚摸，享受着这包裹住我的庞大的湛蓝——那种你似乎一个人但又不孤独的安宁。长更大一点，我还喜欢骑着摩托车，沿着海岸线一直兜风。

海藏不住，也圈不住。对待海最好的办法，就是让每个人自己去寻找到和它相处的方式。每片海，沉浮着不同的景致，也翻滚着各自的危险。生活中的诱惑也是，人的欲望也是。以前以为节制或者自我用逻辑框住，甚至掩耳盗铃地掩藏住，是最好的方法，然而，无论如何，它终究永远在那躁动起伏。

我期许自己要活得更真实也更诚实，要更接受甚至喜欢自己身上起伏的每部分，才能更喜欢这世界。我希望自己懂得处理、欣赏各种欲求，各种人性的丑陋与美妙，找到和它们相处的最好方式。我也希望自己能把这一路看到的风景，最终能全部用审美的笔触表达出来。

我一定要找到和每片海相处的距离，找到审美它们的最好方式。

五、相关阅读推荐

[1] 纪庆芳. 畅销书营销新模式探析[J]. 出版发行研究, 2013(3).

[2] 孙鲁燕. 浅谈畅销书的策划与营销[J]. 中国出版, 2006(1).

[3] 李乐乐. 心之忧矣, 於我归处[J]. 中国图书评论, 2015(3).

[4] 林梅琴. 蔡崇达 脱下皮囊, 看见每一个人[J]. 福建人, 2015(4).

[5] 少远. 家乡是皮囊, 还是肉身[J]. 中国三峡, 2015(12).

畅销书案例分析 11

《小王子》

常 江

一、图书基本信息

（一）图书介绍

书　名：小王子
作　者：（法）圣·埃克苏佩里 著
译　者：李继宏
开　本：32 开
字　数：86 千字
定　价：32.00 元
书　号：ISBN 978-7-2010-7764-2
出版社：天津人民出版社
出版时间：2013 年 1 月

（二）作者简介

安东尼·德·圣·埃克苏佩里（Antoine de Saint-Exupéry），1900年6月29日生于法国里昂。既是飞行家，也是与伏尔泰、卢梭、雨果同入先贤祠的著名作家。其经典代表作《小王子》一经问世即获好评。其全球销量超过5亿册，被誉为"人类有史以来最佳读物"。1975年，在土木小行星带发现的一颗小行星以圣·埃克苏佩里命名；1993年，另一颗小行星被命名为B-612星球，B-612的编号正是《小王子》中主角小王子所居住的星球；1994年，法国政府将他和小王子的形象印到了面额为五十法郎的新钞票上；2006年，法国为《小王子》过了60岁大寿，向全世界宣布：《小王子》满60岁了，它永远是法国人民引以为傲的世界名片。

安东尼一生喜欢冒险和自由，是一位将生命奉献给法国航空事业的飞行家。在服务于航空公司期间，开辟了多条新的飞行航道，孜孜不倦地完成飞行任务。安东尼于第二次世界大战期间应征入伍，法国战败被纳粹占领期间，他侨居美国，又于归国后重新回到部队。1944年，他在一次飞行任务中失踪，成为了神秘传奇。

正是由于他的职业身份，他把飞行员融入了自己的灵魂里，更融入了自己的写作中。尤其是《小王子》，就是以飞行员的身份遇到了小王子。此外，他还有其他的文学作品，包括小说《南方邮件》（1928）、《夜航》（1931）、《人类的大地》（1939），小说《空军飞行员》（1942）、《要塞》（1948）、《南方邮航》（1928）等。

作为一位同时兼有飞行员角色的作家，圣·埃克苏佩里不是第一个描写航空的作家，却是第一个从航空探索人生与文明的作家。他的《夜航》《人类的大地》初次出现时，书中的那些雄奇壮丽的情景，使读者感到耳目一新。然而，圣·埃克苏佩里不仅只限于描写高山流云、海洋风暴。从飞行员的视角俯视生命的成长、竞争、发展和变化，从内心探寻的是生命的本真，是对生命的敬畏和崇拜。在他的笔下，文明就像是夕阳的余晖，美丽却脆弱，任何不可抗力都可与之摧毁。所以，也因此圣·埃克苏佩里形成了对人生的看法：人生归根结底不是上帝赐予的一件礼物，而是人人要面临的一个问题——人的价值不是与生俱来的，而是后天获得的。他说："我的行动，从今以后，一个接一个，组成我的未来。"这与萨特的存在主义非常相似，"人被抛入这个世界"必须作出自己的选择。人只是在实施自己的意图时才表明自己的存在，决定自己的未来。难怪萨特称圣·埃克苏佩里的《人类的大地》是存在主义小说的滥觞。而海德格尔也把出版50年来译成102种语言的《小王子》，看做最伟大的存在主义小说。

二、畅销盛况

作为法国作家圣·埃克苏佩里的畅销作品，虽然1943年《小王子》最先在美国出版，但是法国人只认同《小王子》在法国的首次出版时间1946年。中国最早的版本是1979年，是由北京商务印书馆出版的版本。在长达70年的时光旅程中，全球5亿册的图书销量，说明《小王子》是一本全球长盛不衰的图书。

《小王子》作为全球如此畅销的虚构类图书，销量之大让人叹为观止。真可谓"前无古人，后无来者。"这本薄薄的小说曾经被法国读者选为"20世纪最佳图书"。仅次于钦定版英文《圣经》，在搜索引擎上搜索"全球销量仅次于《圣经》的图书"，《小王子》赫然在目，它和狄更斯的《双城记》并列为史上第二畅销图书。同时，《小王子》也是目前译本最多的著作，共有253个译本。上海图书馆就收藏有一百多个版本的《小王子》，其中只有3个版本是在2000年以前出版的。也就是说，进入21世纪之后的这十几年来，光是我国的图书市场就出现了上百个不同版本的《小王子》，例如：

（1）圣·埃克苏佩里. 小王子［M］. 郭宏安，译. 北京：北京少年儿童出版社，2010.

（2）圣·埃克苏佩里. 小王子（中英法60周年彩色纪念版）［M］. 洪友，译. 北京：群言出版社，2006.

（3）圣·埃克苏佩里. 小王子（法汉对照）［M］. 李思，译. 北京：外文出版社，2007.

（4）圣·埃克苏佩里. 小王子［M］. 姚文雀，译. 北京：新世界出版社，2007.

（5）圣·埃克苏佩里. 小王子（中英对照插图本）［M］. 马爱农，译. 北京：中国国际广播出版社，2006.

（6）圣·埃克苏佩里. 小王子［M］. 周克希，译. 北京：译文出版社，2007.

（7）圣·埃克苏佩里. 小王子（法汉彩色插图版）［M］. 郭以澄，译. 上海：世界图书出版公司，2007.

（8）圣·埃克苏佩里. 小王子（法英彩色插图版）［M］. 郭以澄，译. 上海：世界图书出版公司，2007.

（9）圣·埃克苏佩里. 小王子（彩图+作者传记+配乐朗读光盘）［M］. 艾柯，译. 天津：天津教育出版社，2007.

（10）圣·埃克苏佩里. 小王子（中英对照）［M］. 艾柯，译. 北京：中国对外翻译出版社，2005.

（11）圣·埃克苏佩里. 小王子（中英彩图版）［M］. 艾柯，译. 昆明：云南美术出版社，2006.

（12）圣·埃克苏佩里. 小王子（中英对照）［M］. 郑闯琦，译. 北京：

金城出版社, 2007.

（13）圣·埃克苏佩里. 小王子（中英对照）[M]. 曲小月, 译. 北京：蓝天出版社, 2007.

（14）圣·埃克苏佩里. 小王子 [M]. 黄荭, 译. 北京：作家出版社, 2007.

（15）圣·埃克苏佩里. 小王子 [M]. 林珍妮, 马振骋, 译. 南京：译林出版社, 2003.

（16）圣·埃克苏佩里. 小王子（精装本）[M]. 邹琰等, 译. 上海：上海人民出版社, 2008.

（17）圣·埃克苏佩里. 小王子 [M]. 胥弋, 译. 北京：中国青年出版社, 2009.

（18）圣·埃克苏佩里. 小王子 [M]. 艾梅, 译. 哈尔滨：哈尔滨出版社, 2009.

（19）圣·埃克苏佩里. 小王子 [M]. 柳鸣九, 译. 北京：中国宇航出版社, 2009.

（20）圣·埃克苏佩里. 小王子（中法英三语对照版）[M]. 周克希, 译. 上海：译文出版社, 2001.

（21）圣·埃克苏佩里. 小王子（日汉对照）[M]. 裘涵, 诸飞燕, 译. 上海：东华大学出版社, 2008.

（22）圣·埃克苏佩里. 小王子（软精装）[M]. 林珍妮, 译. 南京：译林出版社, 2008.

（23）圣·埃克苏佩里. 小王子（软精装中英法对照版）[M]. 黄荭, 译. 北京：作家出版社, 2008.

（24）圣·埃克苏佩里. 小王子（译文经典）[M]. 周克希, 译. 上海：上海译文出版社, 2005.

（25）圣·埃克苏佩里. 小王子［M］. 苏岩, 译. 沈阳：辽宁教育出版社, 2010.

（26）圣·埃克苏佩里. 小王子（经典译林）［M］. 林珍妮, 马振骋, 译. 南京：译林出版社, 2010.

（27）圣·埃克苏佩里. 小王子（精装本）［M］. 周国强, 译. 武汉：湖北人民出版社, 2006.

（28）圣·埃克苏佩里. 小王子（中英法精装彩色纪念版）［M］. 郑好, 译. 天津：天津社会科学院出版社, 2010.

（29）圣·埃克苏佩里. 小王子（中英法彩色典藏纪念版）［M］. 王之光, 译. 长春：时代文艺出版社, 2010.

（30）圣·埃克苏佩里. 小王子［M］. 臧阿赢, 译. 长春：吉林人民出版社, 2010.

（31）圣·埃克苏佩里. 小王子［M］. 柳鸣九, 译. 北京：中央编译出版社, 2010.

（32）圣·埃克苏佩里. 小王子（中英法三语对照版）［M］. 王灵犀, 译. 苏州：古吴轩出版社, 2011.

以上选取的32种不同版本的《小王子》只是众多版本中的冰山一角，但也已能够说明中国乃至全球读者对于《小王子》的喜爱，也激发了"王子迷"对于不同版本《小王子》的收藏欲望，凸显了《小王子》的确是一本具有阅读和收藏双重价值的"藏品"。

笔者所选择的版本是李彦红译的2013年1月第1版, 2015年10月第39次印刷，与2015年10月16日上映的同名电影同时上市。此版本在当当网好评率高达99.6%，商品评论多达333117条；亚马逊平台在儿童文学名著最畅销商品排名第一名。

三、畅销攻略

在各大搜索引擎上以"小王子"为关键词进行搜索,当当、亚马逊、京东等电商巨头对于《小王子》评价最多的宣传广告语多为"仅次于圣经经久不衰的畅销书""全球总销量多达5亿册"。这样的描述虽然可能有待考证(因为也有数据说明《小王子》销量为2亿册),但也近乎说明《小王子》不仅是一本童话故事,更是一本赢得世界人民喜爱的图书。之所以受到市场如此的厚爱和追捧,是因为它伴随着一代又一代的人成长,每一代人对其中的故事都有着不同的理解,进而成为他们人生路上不可磨灭的美好印记,在触动人心最柔软的部分的同时,也影响每一个读这本书的人。这样长时间的销售周期,加上庞大的受众人群,同时再加上每个时代不同的时代特征,造就了《小王子》销量上亿的销售神话,下面就从以下几个方面来谈谈这一版本的《小王子》畅销的原因。

(一) 主观原因

1. 特殊的献词

《小王子》作为一部畅销全球的经典作品,多年风行在各大少儿图书畅销排行榜之上。而业界,不管是出版商还是译者,普遍都把《小王子》只是看成一本比普通畅销童话更为畅销的童话书。但是,根据上文提到的畅销盛况,销售周期如此之久,影响深度如此广泛的一本"童话书",早已不是人们普遍认为的"写给孩子的书"那么简单了。然而,作者其实在献词部分就已经告诉了我们这本书的"真相"。

"请孩子们原谅我把这本书献给了一个大人。我有一个正当的理由:这个大人是我在世界上最好的朋友。我还有另一个理由，这个大人什么都懂；即使儿童读物也懂。我还有第三个理由，这个大人住在法国，他在那里忍冻挨饿。他很需要有人安慰。要是这些理由还不够充分，我就把这本书献给这个大人曾经做过的孩子。每个大人都是从做孩子开始的。（然而，记得这事的又有几个呢？）因此，我把我的献词改为：'献给还是小男孩时的莱翁·维尔特。'"

由此说明，作者当初的立意也并非只是写一本童话故事那么简单——虽然是以儿童的口吻和视角来讲述故事，其内涵却是在试图唤醒沉睡在成年人世界里最初的"本真"。而献词当中的表述也充分表达了作者对于莱翁·维尔特的深深的友情，以及想借以此为突破口，来向小孩子、大人、还有曾经是孩子的大人讲述故事的一个出口。

而这也就能够充分说明《小王子》作为一本儿童视角的读物同时，受到儿童和成年人的共同喜爱了。对于小孩子，可能更多的是由故事联想到书中主人公小王子的奇幻世界；对于大人们来说，读得更多的是故事背后的自己和由自己反馈到故事中的心境和感受。

2. 内容通俗易懂，文学性突出

不同于散布在当下微信朋友圈里的"心灵鸡汤"，《小王子》是一部对生活充满极致思考，对未来充满诸多美好遐想的"哲理童话"。它既没有"填鸭式"的讲述与说教，也没有令人乏味说起来不耐烦的大道理，更没有对任何"人生法则"的刻意铺陈和循循善诱。书中更多的只是借用最简单的自然事物和人物，在作者设置的一番如诗如画的情境里，与书中的主人公小王子一起经历他的旅程，以主人公的视角，用最简单、最朴素、最直接方式，去直面人性，探寻真善美。书中涉及例如人性、爱情、死亡等这样的大背景、大道理，都会以小王子途中的简单故事向读者娓娓道来。但万变不离其宗，所有文学作品能够受到读者的热爱的原因，主要涉及以下三个方面，《小王子》也不例外。

（1）时代背景的隐喻。鉴于作者经历了两次世界大战和一次全球性的经济危机，他的经历让他对这个世界产生了更多对于战争与和平、动荡与萧条的思考。如此浩瀚庞大且沉重的人生经历，让作者在写作时更多地通过简单的人物设定，反映出社会阶级等级的不公，如孤独的国王象征政权、贪得无厌的商人象征经济权利、爱慕虚荣的伪君子象征贵族阶级等诸如此类。这种性格特征明显的小人物，其实都是现实社会当中的隐喻和象征。这可能也是文学作品中的写作通性法则——以小见大，以点拓面，以虚构讽刺现实。不同于文学名著的是，《小王子》的人物塑造是以"童话"的方式在讲述。而童话的风格，就像音乐、美术一样，是世界性的语言，更让人印象深刻。

（2）强大的自我隐喻。《小王子》中开篇的两个主人公：身为飞行员的"我"和柔弱的小王子，其实都是圣·埃克苏佩里的真实形象。作为文学作品来说，通常情况下，作者都会分化出两个真实的自己，分身在所讲述的故事人物当中。从叙事的角度来说，是丰满故事人物形象；从写作的目的来说，是借用故事人物讲述自己的故事。在作者简介部分说过，作为书中飞行员"形象出现的圣·埃克苏佩里在现实生活中也是一位飞行员。创造西贡直飞记录的他曾在荒漠中迷失三天，经历过生死考验的他，必定有一个"坚强"的自己被唤醒；同时，小王子的形象也反映了作者不为人知的另一面。有后续资料公开报道过，圣·埃克苏佩里的母亲曾说性格孤僻的圣·埃克苏佩里是个不愿长大的孩子，希望让时间一直停留在他童年的时光。更重要的是，当时作者处在分权抗礼的时代，作者作为没落的贵族，有太多的无奈和孤独，于是孤独忧郁的"小王子"的形象隐喻着这个王室贵族的些许忧愁。

（3）爱情的动人隐喻。当作者在讲述这段故事的时候，其实也是在告诉读者他自己的爱情故事：圣·埃克苏佩里的妻子康素罗出生在萨尔瓦多，萨尔瓦多在《小王子》里是一个"以火山、地震成为传奇的国家"。小王子与玫瑰花的爱恋和矛盾其实就是圣·埃克苏佩利的妻子康素罗的传奇故事——"她对我散发香味，使我充满光明……应该揣摩到她小小诡计后面隐藏的一片柔情"。这样的句子也是表现了圣·埃克苏佩利和妻子康素罗的相恋与矛盾。

而狐狸与小王子的故事讲述了另一段闯入作者生活的爱恋："如果你驯养了我，那我的生命就会充满阳光……"当彼此建立起"一种联系"，这种彼此信任和熟悉而建立起来的联系，会不再计较生命的得失。这种类似于红颜知己的关系，让人觉得美好和幸福。

在《小王子》中，小王子与玫瑰花爱恋，狐狸对小王子的依恋，是两段让读者读来颇为感动也引发深思的两段爱情故事。美好的初恋和朦胧的暗恋，都是让人回味的感情线。爱情，作为文学作品中永恒的主题，很容易引起读者的共鸣。能够引起读者共鸣的作品，就会有让人读下去的欲望，而能够引起读者共鸣的好作品，就会流芳百世，永垂不朽。

除此之外，书中各处都散布着细小的隐喻和象征，这些看似简单的故事和故事当中的角色，都隐含作者和先前作品当中的相关信息。几乎每一个场景、角色都有强烈的象征意义和暗示作用。有的时候需要通读作者所有的作品才能够通透作者所想要表达的意思以及背后的真实含义，如开篇的帽子、面包树与猴子、蛇等。

3. 叙事结构的古典美和音律美

《小王子》的中文译本大概两万五千字左右，但叙事结构完整，叙事逻辑通透，绝对是一篇优质的短篇小说。麻雀虽小，五脏俱全，如此短小精悍的优质作品，足以与古典戏剧或长篇小说相媲美。由德国文学理论家古斯塔夫·弗雷塔格所著的《戏剧的技巧》中提出：古典戏剧的旭辉结构可以分为铺垫、发展、高潮、回落和灾难五大部分。而《小王子》中由飞行员自述（铺陈）—小王子与飞行员互动（发展）—小王子拜访六星球（经过）—地球遭遇（回落）—小王子消失（灾难）的脉络发展，与这一理论吻合。同时，从开头到结尾，小王子的叙事视角也随着故事的发展而产生人称叙事上的变化：第一人称—第一人称和第三人称并存—第三人称—第三人称和第一人称并存—第三人称。这样的方式很容易让人想到交响乐当中关于奏鸣曲的曲式布局：引子—呈示部—发展部—再现部。因此，《小王子》的文学之美，既拥有古典文学的严谨之美，也包含奏鸣曲的韵律之美。那么其中的奥妙，可能只有读过他的人才能知道吧。

总的来说，内容好是一部好的文学作品的关键。通俗易懂的文字加上读者的共鸣感，再匹配上文学特有的韵律和韵味，往往就是一部好作品能够长时间获得市场和读者认同的基本要素和关键。

（二）客观原因

1. 译者前期造势

李继宏，因执笔翻译《追风筝的人》声名远扬，被誉为天才翻译，却在2013年的《小王子》新译本中，因在腰封中醒目地印着"迄今为止最优秀译本"制造了开年翻译界乃至出版界争议性最大的一场风波。

当时《小王子》尚未发售，就因惹眼的腰封，引起了读者群体强烈的不满。除了赤裸裸的写有"迄今为止最优秀译本"等字句，还罗列出一大串数据："纠正现存其他56个《小王子》译本的200多处硬伤、错误。"而果麦公司出品的这部译本，李继宏更是被冠上了"年轻的天才翻译家"这样的称谓。

《世界文学》主编、法语翻译家余中先在评价李继宏的译本《小王子》

时这样说道:"李继宏的译本他还没有读过,但以前读过他译的《维纳斯的诞生》,总的看法是:他的译本读起来不错,但应该没有好到'与李继宏相比,别人都不行'的地步。"

就这一点来说,与之前多个版本的《小王子》而言,人们不免会把萧曼、周克希、马振聘、柳鸣九等人的译本与之相比较。腰封的"霸气"宣传语是否过于言之凿凿,以及新译本是否真的名副其实还是言过其实,在喜爱《小王子》的读者当中必定会掀起一轮"好奇心之旅"。先不考虑其他因素,光是这一点,出版商在赢取话语权和传播效果的征途中算是打下了良好的基础。

2. 打造同年译本最美封面

在同年的几个《小王子》中,这一版本的《小王子》的封面,选用深邃的深蓝色描绘出令人无限遐想的宇宙空间,同时以白描线稿的手法,勾勒出小王子在他自己的星球中眺望宇宙的样子。整个画面简洁大方却又不失稳重。32开本的选择,拿到手里的重量也非常舒服。其中,插图都以手绘(手绘图样也得到官方授权)的方式进行呈现,显得颇有童心童趣,与封面所选的图样交相辉映,不失典雅和庄重。

2015年10月39次印刷的这一版的腰封上写着:"法国'圣·埃克苏佩里基金会'唯一官方认可简体中文译本"。这还要追溯当时的一件新闻事件:在法国巴黎时间2015年4月22日下午,应小王子作者圣·埃克苏佩里家族的邀请,果麦文化总裁瞿洪斌、知名翻译家李继宏赴《小王子》作者故乡法国里昂,与"圣·埃克苏佩里基金会"创办人、主席奥利维尔·达盖先生举行了认证签约仪式。至此,标志着由果麦文化出品、李继宏翻译的中文版《小王子》,获得法国"圣·埃克苏佩里基金会"的支持和推荐,成为唯一官方认可的简体中文译本。

作为圣·埃克苏佩里的后裔,奥利维尔·达盖第一次拿着《小王子》

中文版不禁赞叹："封面真是太美了！我喜欢这个蓝色！"自2013年1月果麦文化推出《小王子》以来，一直占据各大电商网站各版本《小王子》中搜索和销售第一名，销量已接近100万册，奥利维尔·达盖表示非常惊讶并由衷赞叹。奥利维尔·达盖说："我希望未来在中国，能有越来越多的人阅读《小王子》。"《小王子》全球销售数十亿册，光中国每年都有200万册以上的销售量，由于《小王子》中文译本版本众多、良莠不齐，"圣·埃克苏佩里基金会"特意将果麦文化出品、李继宏翻译的中文版《小王子》推荐给中国读者，主席奥利维尔·达盖还亲笔为读者书写寄语：我真诚地希望你们喜欢《小王子》这个故事，并从中感受到快乐！

3. 乘着IP的微风，续写王子情怀

2015年是《小王子》的作者——法国飞行员安东尼·德·圣埃克苏佩里失踪70周年。法国制片人迪米特利·哈桑从十年前就开始考虑将《小王子》搬上银幕。最终，他请来了美国著名导演，曾执导《功夫熊猫》的马克·奥斯本，拉上在好莱坞风生水起的著名德国作曲家汉斯·季默，就诞生了这部有着好莱坞故事外壳、原著精神内核和全球化卖相的动画电影。借助纪念活动的预热，加上45岁资深导演的亲自执导，《小王子》在未上映之前就被未炒先热。当然，在《小王子》的腰封上，也赫然写着"2015年10月16日同名3D动画电影《小王子》暖心上映"的广告语，让人们看到书后就有想走进影院的冲动。

以图书推动电影票房，电影反哺图书销量这样的一个模式，在业界，特别是在这个把IP推动到极致词汇的IP年里，显得极为重要。

在前文中已经分析到，《小王子》的销售量惊人，而如此大的销售量必将是囊括"70后""80后""90后"乃至"00后"的共同至爱的读物。百读不厌的文学作品必将为电影的上映拉拢广泛的受众群，也必将给《小王子》电影的票房奠定基础。同时，多位人气明星高调加入中文版《小王子》

电影配音团队。其中，包括黄渤、黄磊、袁泉、黄忆慈（多多）、胡海泉、马天宇、TFBOYS易烊千玺、王自健、小柯、张译等11位明星，很难让你不去电影院为其买单。在电影上映前，各大商业品牌就和《小王子》进行了合作，BMW、I Do、百草味、腾讯游戏，都退出了与之相关的产品，从而为自己的品牌开疆拓土的同时，也为电影的上映做了一个很好的宣传。而相关的电影IP衍生品，如手机壳、抱枕、杯子等也呼之欲出，电影的热映必将引领《小王子》图书的又一次热销，这对《小王子》这个IP来说，可谓双赢。

如果说《小王子》是IP，那它绝对是一个超级IP。销量全球两亿册，几乎全年龄的受众群体，长时间的销售时间，还有浩大的粉丝情怀，对于《小王子》而言，确实拥有一个不错的IP基础。小王子最终以1.58亿的票房收官。不同于好莱坞动画电影，对于一个具有哲理意味，融合法式浪漫和唯美配乐的动画电影来说，如此票房也是真不简单了。

而其实，当IP这个词还没有如此火的时候，法国人对于小王子的热衷和痴迷程度堪比中国人痴迷四大名著。

最为直观的表现莫过于法国人把小王子印在了钞票上：通行欧元前的最后一版5法郎纸币，小王子和他心爱的玫瑰，作者安东·圣·埃克苏佩里和他的双翼飞机，赫然印在纸币的正反面上。要知道，在其他国家的钱上印着的，可是最伟大的政治家和艺术巨匠，而法国人，却让一个虚构的卡通形象接替伏尔泰，担当其本民族的文化大使，其在民众心目中的地位可见一般。

如此具有庞大命中基础的超级IP，怎么会没有被改编或称为其他相关衍生品的机会？于是，全世界关于《小王子》改编后的延伸作品开始初出茅庐，涉及连环画、电影、广播剧、动画片、音乐剧等超过三十多种。

从1954年，《小王子》被改编成童话剧，之后法国人、德国人、加拿

❋ 畅销书案例分析 ❋

大人又出了六个版本此类童话剧。到 1996 年,魁北克的听众们还能在加拿大电台里听到一个 101 分钟的《小王子》睡前故事;从 1964 年到 2014 年,全世界一共诞生的九个版本的《小王子》剧场作品到 1994 年法国人为了纪念圣·埃克苏佩里失踪 50 周年,在巴黎十九区的"杰奥德中心"1000 平方米的巨型球幕上,特别制作并放映了一个多媒体版的《小王子》;从 2013 年为庆祝《小王子》诞生 70 周年,国际知名品牌瑞士沙夫豪森 IWC 万国表特别推出两款"小王子"限量版腕表,以此致敬圣·埃克苏佩里。2015 年,刘烨和法国妻子安娜还带着自己的儿女诺一、霓娜以及一群中国孩子,制作了有声读物《小王子》。包括这部 2015 版《小王子》电影和果麦公司所出品的同名图书,都借着 IP 的风,为每一位喜欢《小王子》的人诉说着王子的梦想和情怀。

《小王子》作为坐拥巨大受众的经典文学作品,拥有核心的哲学观、价值观,也拥有法国人独有的浪漫,全年龄的阅读人群让所有的出版商和出版作品钦羡又嫉妒。它具有核心 IP 的特征,是实打实的超级 IP。从其延伸品的种类来说,一部文学作品《小王子》所带个世界人民的精神财富,正在逐渐被商业化,IP 开发者不断地从中提取和升华更多的商业和经济价值,使得更多的人知道《小王子》,关注《小王子》,了解《小王子》。

四、精彩节选阅读

(1)所有的大人首先是孩子。

(2)这些大人们,靠他们自己什么也弄不懂,还得老是不断地给他们作解释。这真叫孩子们腻味。

(3)这时,小王子郑重其事地说:"这没有什么关系,我那里很小很小。"接着,他略带伤感地又补充了一句:"一直朝前走,也不会走出多远……"

（4）但由于他所穿衣服的缘故，那时没有人相信他。那些大人们就是这样。

（5）这位天文学家穿了一身非常漂亮的服装，重新作了一次论证。这一次所有的人都同意他的看法。

（6）这些大人们就爱数字。

（7）如果你对大人们说："我看到一幢用玫瑰色的砖盖成的漂亮的房子，它的窗户上有天竺葵，屋顶上还有鸽子……"他们怎么也想象不出这种房子有多么好。必须对他们说："我看见了一幢价值十万法郎的房子。"那么他们就惊叫道："多么漂亮的房子啊！"

（8）而一棵猴面包树苗，假如你拔得太迟，就再也无法把它清除掉。

（9）"一天，我看见过四十三次日落。"过一会儿，你又说："你知道，当人们感到非常苦闷时，总是喜欢日落的。""一天四十三次，你怎么会这么苦闷？"小王子没有回答。

（10）"我不信！花是弱小的、淳朴的，它们总是设法保护自己，以为有了刺就可以显出自己的厉害……"

（11）"你说话就和那些大人一样！"这话使我有点难堪。可是他又尖刻无情地说道："你什么都分不清……你把什么都混在一起！"他着实非常恼火。摇动着脑袋，金黄色的头发随风颤动着。

（12）小王子这会儿气得脸色发白了。"几百万年以前，花儿就长刺了。可几百万年以前，羊也早就在吃花儿了。刺什么用也没有，那花儿为什么要费那份劲去长刺呢，把这弄明白难道不是正事儿？绵羊与花儿的战争难道不重要吗？这难道不比那个胖子

畅销书案例分析

红脸先生的算账更重要,更是正事吗?还有,如果我认识一朵世上独一无二的花儿,除了我的星球,哪儿都找不到这样的花儿,而一天早上,一只羊甚至都不知道自己在做什么,就一口把花儿吃掉了,这难道不重要吗!?"

(13)"如果有人爱上了在这亿万颗星星中独一无二的一株花,当他看着这些星星的时候,这就足以使他感到幸福。他可以自言自语地说:'我的那朵花就在其中的一颗星星上……',但是如果羊吃掉了这朵花,对他来说,好象所有的星星一下子全都熄灭了一样!这难道也不重要吗?!"

(14)她已经精细地做了那么长的准备工作,却打着哈欠说道:"我刚刚睡醒,真对不起,瞧我的头发还是乱蓬蓬的……"王子这时再也控制不住自己的爱慕心情:"你是多么美丽啊!"花儿悠然自得地说:"是吧,我是与太阳同时出生的……"小王子看出了这花儿不太谦虚,可是她确实丽姿动人。她随后又说道:"现在该是吃早点的时候了吧,请你也想着给我准备一点……"小王子很有些不好意思,于是就拿着喷壶,打来了一壶清清的凉水,浇灌着花儿。于是,就这样,这朵花儿就以她那有点敏感多疑的虚荣心折磨着小王子。

(15)"再见了。"他对花儿说道。可是花儿没有回答他。"再见了。"他又说了一遍。花儿咳嗽了一阵。但并不是由于感冒。她终于对他说道:"我方才真蠢。请你原谅我。希望你能幸福。"花儿对他毫不抱怨,他感到很惊讶。他举着罩子,不知所措地伫立在那里。他不明白她为什么会这样温柔恬静。"的确,我爱你。"花儿对他说道:"但由于我的过错,你一点也没有理会。这丝毫不重要。不过,你也和我一样的蠢。希望你今后能幸福。把罩子放在一边吧，我用不着它了。""要是风来了怎么办？""我的感冒并不那么重……夜晚的凉风对我倒有好处。我是一朵花。"

（16）"向每个人提出的要求应该是他们所能做到的。权威首先应该建立在理性的基础上。如果命令你的老百姓去投海，他们非起来革命不可。我的命令是合理的，所以我有权要别人服从。"

（17）小王子没有勇气承认的是：他留恋这颗令人赞美的星星，特别是因为在那里每二十四小时就有一千四百四十次日落。

（18）"但是，'短暂'是什么意思？"小王子再三地问道。他一旦提出一个问题是从不放过的。"意思就是：有很快就会消失的危险。""我的花是很快就会消失的吗？""那当然。"

小王子自言自语地说："我的花是短暂的，而且她只有四根刺来防御外侮！可我还把她独自留在家里！"这是他第一次产生了后悔，但他又重新振作起来。

（19）他感到自己非常不幸。他的那朵花曾对他说她是整个宇宙中独一无二的一种花。可是，仅在这一座花园里就有五千朵完全一样的这种花朵！小王子自言自语地说："如果她看到这一情境，她是一定会非常生气……她会拼命咳嗽，并假装快要死掉了，省的被人取笑。而我也不得不装着去照顾她，要不然的话，她真的会让自己死掉的，好羞辱我。"

（20）狐狸说。"对我来说，你还只是一个小男孩，就像其他成千上万个小男孩一样没有什么两样。我不需要你。你也不需要我。对你来说，我只是一只狐狸，和其他成千上万的狐狸没有什么不同。但是，如果你驯养了我，我们就会互相需要了。对我来说，你就是世界上独一无二的了；我对你来说，也是世界上独一无二的了。""我开始明白了。"小王子说,"有一朵花……,我想,她已经驯养了我……"

狐狸说:"我的生活很单调。我追逐鸡,人追逐我。所有的鸡都一个模样。所有的人也是。所以,我感到有点无聊。但是,如果你驯养了我,我的生活将充满阳光。我将辨别出一种与众不同的脚步声。别的脚步声会让我钻入地下。而你的脚步声却会像音乐一样,把我从洞穴里召唤出来。另外你瞧,看到那边的麦田了么?我不吃面包,小麦对我来说毫无用处。麦田也不会让我联想到任何事。这是很可悲的!但是你长着金黄色头发。当你驯养我以后,这将是非常美妙的一件事!麦子的颜色也是金黄色的,它会让我想起你。而且我也将喜欢聆听风儿吹过麦田的声音……"

狐狸沉默下来,长久的注视着小王子。

"请你……驯养我吧!"

(21)"没有十全十美的。"狐狸叹息地说道。

(22)你什么也不要说,话语是误会的根源。

(23)"比如说,你下午四点钟来,那么从三点钟起,我就开始感到幸福。时间越临近,我就越感到幸福。到了四点钟的时候,我就会坐立不安;我就会发现幸福的代价。"

(24)"我得到了啊,"狐狸说,"就在于麦子的颜色。"然后,它又说:"去看看那些玫瑰吧。你会明白,你那朵玫瑰是世上独一无二的。然后,你再来跟我告别,我再送你一个秘密。"

(25)"你们很美,但你们是空虚的。"小王子仍然在对她们说,"没有人能为你们去死。当然咯,我的那朵玫瑰花,一个普通的过路人以为她和你们一样。可是,她单独一朵就比你们全体更重要,因为她是我浇灌的。因为她是我放在花罩中的。因为她是我用屏风保护起来的。因为她身上的毛虫（除了留下两三只为了变蝴蝶而外）是我除灭的。因为我倾听过她的怨艾和自诩，甚至有时我聆听着她的沉默。因为她是我的玫瑰。"

（26）很简单：只有用心才能看得清。实质性的东西，用眼睛是看不见的。"

（27）"正因为你为你的玫瑰花费了时间，这才使你的玫瑰变得如此重要。"

（28）"可是，你不应该忘记它。你先要对你驯养过的一切负责到底，你要对你的玫瑰负责……"

（29）"只有孩子知道他们自己在寻找什么。"

（30）"即使快要死了，有过一个朋友也好嘛！我就为我有过一个狐狸朋友而感到很高兴……"

（31）"水对心也是有益处的……"

（32）一个人只有用心灵才能看的真切，重要的东西用肉眼是看不见的。

（33）"眼睛是什么也看不见的。应该用心去寻找。"

（34）"啊！这就行了。"他说："孩子们认得出来。"

（35）"这就象花一样。如果你爱上了一朵生长在一颗星星上的花，那么夜间，你看着天空就感到甜蜜愉快。所有的星星上都好象开着花。"

（36）"你知道……我的花……我是要对她负责的！而她又是那么弱小！她又是那么天真。她只有四根微不足道的刺，保护自己，抵抗外敌……"

（37）任何一个大人将永远不会明白这个问题竟如此重要！

（38）"既然我住在天上一颗星星里，既然我在其中一颗星星里笑，这就如同所有的星星都在冲你笑，你就拥有无数会笑的星星了！"

（39）"你知道吧，路途太远，我拖不动这副皮囊，它太沉了。"

（40）"你知道，想起你，我的心会温暖的。以后我也会仰望星空，所有的星星都会成了带有生锈轱辘的井，所有的星星给我倒水喝……"

（41）驯养，就是建立联系。

（42）我太年轻了，甚至不懂怎么去爱她。

（43）让他们自身变得神秘而美丽的原因，是我们用眼睛看不到的。

（44）一旦你驯服了什么，就要对她负责，永远的负责。

（45）我们肉眼看到的星辰，也许在亿万年前已爆裂死亡，此刻它们的光芒到达我的瞳孔，是最神秘的意外。

五、相关阅读推荐

[1] 金璐. 试论《小王子》中的意象象征[J]. 文教资料,2014(19).

[2] 王琮瑜. 驯服、耐心、责任——《小王子》中爱的本质和真谛[J]. 青春岁月,2012(18).

[3] 邱蓉. 存在主义视域下的《小王子》意蕴研究[D]. 南京:南京师范大学,2014.

[4] 熊艳茹. 从评价理论的角度赏析《小王子》[D]. 南昌:南昌大学,2011.

[5] 张艳丽. 浅析小王子人物内心所表达的深刻意义[J]. 经营管理者,2011(11).

[6] 陈晓佳. 浅析法国名著《小王子》的文化价值[J]. 企业导报,2011(20).